微电商，微营销：这么玩才赚钱

陈涛 / 著

海峡出版发行集团 | 鹭江出版社
THE STRAITS PUBLISHING & DISTRIBUTING GROUP | LUJIANG PUBLISHING HOUSE

2015年 · 厦门

图书在版编目（CIP）数据

微电商，微营销：这么玩才赚钱 / 陈涛著. —厦门：鹭江出版社，2015.12
ISBN 978-7-5459-0984-5

Ⅰ. ①微… Ⅱ. ①陈… Ⅲ. ①网络营销 Ⅳ. ①F713.36

中国版本图书馆 CIP 数据核字（2015）第 206605 号

WEIDIANSHANG, WEIYINGXIAO: ZHEMEWAN CAI ZHUANQIAN

微电商，微营销：这么玩才赚钱

陈涛 著

出版发行：海峡出版发行集团
鹭 江 出 版 社
地　　址：厦门市湖明路 22 号　　**邮政编码：**361004
印　　刷：北京雁林吉兆印刷有限公司
地　　址：北京市密云县十里堡镇红光村 47 号　　**邮政编码：**361004
开　　本：880mm×1230mm　1/32
印　　张：9.25
字　　数：191 千字
印　　次：2015 年 12 月第 1 版　　2015 年 12 月第 1 次印刷
书　　号：ISBN 978-7-5459-0984-5
定　　价：45.00 元

前 言

PREFACE

2014年是移动互联网发展突飞猛进的一年。据《中国互联网络发展状况统计报告》显示，截至2015年6月，我国网民规模达6.68亿，其中手机网民数达5.94亿，占总网民数的八成之多，手机已然成为上网第一大终端。

随着移动互联网的急速发展，各大网商、企业都开始出手抢占这块新地盘，淘宝、京东、当当、亚马逊（中国）等主流电商纷纷推出移动端的购物应用。据统计，2014年第一季度中国移动电商的交易规模达到641.9亿元，同比增长140.8%，远远超过同期整体市场27.6%的增长，移动购物市场持续保持强劲增长态势，人们使用移动端购物的习惯已经形成。

由于手机屏幕小，所以利用移动互联网做生意的电商都称为微电商。微电商是基于移动互联网的区别于传统PC电商的新电商模式。新时代的微营销强调的是维护和留住老客户，以及社会化传播，它从根本上改变了传统电商以流量为导向的营销方式，回归到了营销的本质。它为商户们提供了一个能够通过管理和维护老客户并在此基础上提高重复购买率和形成口碑传播的新的销售阵地。

很多商家都很担心，移动互联网时代的到来是否会对自己的经营造成重大影响。事实上，说不影响是不可能的。也许现行的经营方法已经跟不上形势，或者在新的移动互联网的规则下，之前的经营策略根本就是错误的。如果继续墨守成规不及时修正，很快就会被淘汰。

因此，希望企业家们能够通过本书对移动互联网下的微营销有更多正确的认识，学到真正能适应现阶段互联网发展所需要的知识，最终摆脱危机，走向成功，这也是本书所要达到的目的。

现在，互联网经济正在经历一场划时代的革命。在可以预期的未来，移动互联网必定会颠覆整个电商生态圈。但我们相信，只要紧紧跟随移动互联网的发展步伐，不断更新自己的知识和技术，就一定不会被时代淘汰。

目 录

CONTENTS

第一章 电商微营销时代，已经势不可挡

无法阻挡的移动互联网时代 >>> 002

移动互联网和传统互联网的差异 >>> 005

什么是微营销和微电商 >>> 009

微电商和传统电商有什么区别 >>> 011

传统企业转型微电商需要什么互联网思维 >>> 016

如何理解微营销中的粉丝经济 >>> 020

“脑残粉”能够给微电商带来什么 >>> 023

粉丝经济下，传统企业在移动端如何玩 >>> 027

第二章 “三微”工具，布局微电商营销体系

微信营销，必为企业带来终身财富 >>> 032

企业微博，打造品牌的网络媒体工具 >>> 045

微淘，微电商不能错过的引流入口 >>> 082

怎样布局微电商的营销体系 >>> 097

| 第三章 | 微电商，就应抢占移动端新兴市场

移动电商APP，电商营销新战场 >>> 102

京东APP的崛起之路 >>> 107

手机端，淘宝主要流量入口 >>> 110

微店，引领移动电商的未来 >>> 125

| 第四章 | 微信营销，你该从这里准备和入门

如何定位企业微信营销策略 >>> 148

微电商怎样做好朋友圈营销 >>> 150

微电商如何进行公众平台营销 >>> 167

粉丝迅速增涨的原则和秘诀 >>> 180

怎样管理和维护你的粉丝 >>> 187

如何把企业服务传播出去并取得共振效应 >>> 197

| 第五章 | 微电商如何制作渗透力强的微信内容

什么样的文章能够在朋友圈快速传播 >>> 202

如何制作有价值的微信内容 >>> 204

如何优化微信标题，提高300%的阅读率 >>> 207

微信内容写作技巧与排版攻略 >>> 210

微信内容用哪种形式最合适 >>> 215

企业微信内容如何巧妙植入广告 >>> 217
微信内容写作的 6 个误区 >>> 222
微电商如何炒作话题爆点 >>> 225

第六章 微电商的微信运营赢家法则

如何让你的粉丝带来更多的新粉丝 >>> 230
微电商怎样挖掘粉丝的终身价值 >>> 233
微信营销的 8 条禁忌 >>> 236
微电商如何策划微信营销活动 >>> 239
微信营销十字箴言 >>> 255
中国银行公众号运营剖析 >>> 257
巧借热点引爆事件营销 >>> 265

第七章 独家微电商，它们真的很成功

糖果试用微营销，不花一分钱 >>> 272
招聘合适员工，微信也能做到 >>> 274
电商之夜，成功的粉丝交流会 >>> 276
微营销，引爆《电商内幕》 >>> 281
微营销众筹，新玩法决定《新活法》 >>> 285

第一章

电商微营销时代，已经势不可挡

无法阻挡的移动互联网时代

没有人能够否认，随着科技的发展，当今世界已经进入到一个全新的移动互联网时代。全球差不多三分之一的用户通过移动智能设备进行上网，而这个数字在中国更为可观。据中国互联网络信息中心发布的第36次《中国互联网络发展状况统计报告》显示，截至2015年6月，我国网民规模达6.68亿，其中手机网民数达5.94亿，占总网民数的八成之多，移动互联网的发展已经走向了全民时代。

移动互联网的经济规模也越来越大，几乎各行各业都在试水移动客户端，希望在这里找到新的增长点。《中国移动互联网发展报告（2014）》显示，2013年我国移动购物市场交易规模达1676.4亿元，在移动互联网行业规模中占比最高。面对广阔的移动购物市场，阿里巴巴、京东、聚美优品、亚马逊（中国）等各大零售电商也在大举抢占移动端的流量入口。经过他们共同的努力，2013年移动支付市场总体交易规模已经突破1.3万亿元，同比增长8倍多，远超传统PC（个人电脑）支付增长率。

移动互联网的迅猛发展使中国人的生活模式发生了巨大变化。如图1.1所示，2013年PC端人均单日使用时长相比2012年略有下降，但移动端人均单日使用时长却从2012年的0.96小时增加到2013年的1.65小时。为什么移动端人均单日使用时长会发生这样大的变化呢？因为移动互联网相比传统互联网，完全不存在时空上的限制，基本上可以做到24小时在线。

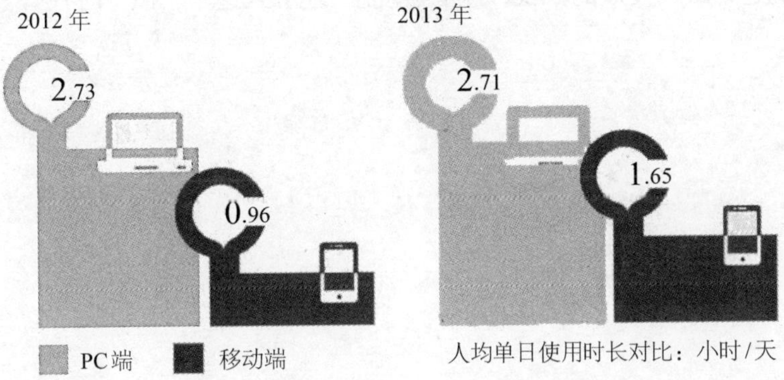

图1.1 PC端和移动端人均单日使用时长对比

随着时空限制的突破，移动互联网能够让人们随时随地沟通、交流和分享。人们通过手机等移动端获得各类视频、录音、图文等信息，并且通过各种社交工具进行分享和传播。从而形成一种新的社会关系结构，即移动社交关系。

由于社会关系的改变，互联网经济也随之发生了改变。移动互联网给企业，尤其是给大量的中小企业带来了新的机会和挑战。而且，由于移动互联网呈现的碎片化趋势，让垄断变得很难。中小企业只要能够把握住人的情感，提供好的服务和产品，就能够占有自己的一席之地，从而能够立于不败之地。

未来，移动互联网将会像空气、水、食物一样成为生活必需品。人的感官将被无限延伸，知识的获取会变得轻而易举，创造力也会得到极大的提升。移动互联网的发展带给我们的将会是更高效、更优质的生活。

今天，我们正处于移动互联网高速发展的时候，我们要做的就是紧跟其发展的步伐，“随波逐流”地融入这个“微”时代。

移动互联网和传统互联网的差异

随着智能手机和平板电脑的普及，一个新兴的移动互联网时代已经悄然来临。就像十几年前传统互联网业务刚刚在国内兴起时一样，又一个划时代的变革使无数创业者和用户为之疯狂。

首先我们来看看，当移动智能设备的出现颠覆传统PC的时候，网络经济都发生了哪些新的变化?

1. 小屏幕。

我们可以很直观地发现，相比传统PC，移动智能设备的屏幕变小了。

尽管我们的卧室放着一台50英寸甚至更大的高级彩电，尽管有线电视的信号和画面效果远远好于移动智能设备，但我们就是更愿意捧着手机看电视。为什么？因为屏幕变小了，使用更方便了，我们可以走着看、躺着看，甚至上厕所时都可以看，看到插播的电视广告时，还可以切换到淘宝、京东等电商移动端去搜一搜、逛一逛。

小屏幕不仅让使用更方便，也带来了搜索习惯的变化。我们在PC端使用淘宝或京东的搜索引擎搜索热门商品的时候，可以一次搜索出几百页的结果来，然后一页一页翻看。据淘宝统计，PC端搜索结果前两百页的人气都不错。但是当我们打开手机端搜索时，我们会连续翻看两百页吗？不可能的。因为移动智能设备的屏幕变小了，看四五页可能就会觉得累了烦了。于是，这就带来了一个巨大的问题——消费者的消费习惯无形中被改变了，他们不再喜欢从海量的商品库里去查找了。这一改变势必会颠覆很多平台，给它们带来更大的挑战。

2. 位置服务。

移动智能设备还带来了什么变化呢？

顾名思义，就是上网的位置变得可以移动了，关于“位置”的应用服务出现了。本地社群、区域化电商的出现等，这些都源于位置服务意识的产生。

早期，我们到一个陌生的地方找一家咖啡店时，还需要依赖传统的地图搜索软件；如今，移动端已经有不少这样的应用程序，可供随时随地查询周边的生活信息，如哪里有咖啡店、店里是什么情况、是否可以订餐等。这些就是移动智能设备端“位置”应用给我们带来的新事物、新思维，它们给移动互联网经济插上了一对新的翅膀。所以，你应该可以理解为什么阿里巴巴集团会投资收购高德地图了。

3. 大数据和推送。

传统互联网时代，人们喜欢通过搜索主动获取自己想要了解的信息，而移动互联网时代，人们则不再倾向于通过搜索而是依靠推送获取信息。而那么推送的背后是什么？就是大数据。

“今日头条”是一个基于数据化挖掘的个性化信息推荐引擎，它的创始人张一鸣曾经表示，移动互联网带来的巨大变革，将开启一个全新的信息时代。未来在智能手机上，信息获取方式将不再是传统的媒体渠道采用的人工编辑模式，而是更加智能和个性的自动化推荐模式。

目前，基于移动智能设备端的大量的新闻媒体软件仍然是搜索型的。“今日头条”则不同，它没有一个编辑、不需要用户做任何操作、推荐的信息全是用户自己感兴趣的内容，甚至在打开页面的时候，你就能看到他们响亮的广告语——“你关注的，才是头条”。

怎么做到的呢？“今日头条”虽然没有一个编辑，但是它有程序员。程序会分析正在阅览信息的人到底是男人还是女人；如果是女人的话，是否已经结婚生子，是否还在哺乳期，平时最关注什么类型的信息；等等。再根据已搜集到的用户信息及市场上所有新闻体系中的历史数据信息，分析出用户可能最感兴趣的资讯并推荐给用户。这就是大数据和推送。

移动端的大数据和推送功能，正在精细化人群的特征定位，进一步发现和挖掘人们的潜在需求，影响并改变着人们的消费行为和习惯，改变着互联网的生态环境。

4. 智能设备，软硬结合。

此外就是现在的智能设备和软硬结合的模式。比如以前我们常见的摄像头，只是一种连接到PC端的外部硬件设备，现在它已经向内置微型电脑的智能型摄像头发展了。它能够实时拍摄影像并自动通过Wi-Fi上传到某个网站上，供人们随时随地观看图像。再比如原来的耳机只是插在PC端使用的一个附件，现在也朝着智能化发展了。现在的耳机不仅可以存放音乐，还可以无线联网随时下载音乐。可以说，移动智能设备的出现意味着设备智能化和软硬件结合的时代已全面到来。

什么是微营销和微电商

随着移动互联网时代的到来，移动互联网工具都在向微型化发展了，它们很多都以“微”字打头，如微信、微博、微淘等。所谓微营销就是使用手机等移动智能设备，利用移动互联网平台，通过有策略、可管理、持续性的线上和线下沟通强化客户关系，并建立和转化客户价值的营销方式。

微营销实际上可以说是移动互联网上的社会化营销，也可以叫作社会性营销。它是区别于传统主流形式（包括报纸、杂志、电视、广播）的一种新型的媒体营销方式。传统营销强调的是抢流量、打广告，告之而成交。而社会化营销是在成交之后，通过关系圈子形成互动，树立口碑，通过口碑传播来开展营销。

科技在发展，时代在变化。今天，移动智能设备已经越来越普及了。微信等基于移动智能设备的社交工具如雨后春笋般应运而生，社会化营销模式正在悄然孕育着新的变革。

原来PC端的社会化营销是这样的，简单打个比方，你在楼下广场买了一件衣服非常满意，然后你在PC端登录社交网络把这个信息分享给朋友们，你的朋友们上网看到你的消息之后也去那边买。很显然，与移动端相比，PC端的这种营销方式是没有优势的，因为即时互动性差、使用不够方便，而且朋友之间是一种弱关系，传播性也很一般。

基于移动端的社群关系主体大多是熟悉的朋友、同事、亲人等，属于强关系，相互之间信任度高，传播互动效果自然也更好。比如你在商场里看到一件漂亮的衣服，你随手就可以用手机拍照，并通过移动互联网实时分享到朋友圈里去。而你的朋友们也可以随时打开手机，接收你的消息，并进行分享和转发，从而产生社会化营销的效果。

因此，通俗地讲，利用移动智能设备把一个人、一个圈子的社会化关系固定下来，并且能够方便快捷地制造和传播信息，就是移动端的社会化营销，也就是微营销。

而微电商，就是利用移动互联网销售自己的产品的电商，也可以叫作移动电商。

微电商和传统电商有什么区别

第一波互联网浪潮塑造了百度、阿里巴巴和腾讯三大互联网公司。第二波互联网浪潮也紧跟而来，那就是移动互联时代。传统PC电商已经越来越不能满足用户需求，互联网经济的下一个爆发点已经逐渐在向移动电商靠近。

作为传统PC电商，要想抢占无线移动端新兴市场，就必须了解移动电商相比于传统电商到底发生了哪些变化。

1. 入口碎片化。

早期的互联网时代，PC端的入口很少，但是随着移动互联网时代的到来，手机端涌现了数以万计的APP，如手机淘宝、支付宝钱包、微信、百度地图、京东商城、美颜相机等等，被大家频繁地使用着，占据了人们生活中的碎片时间，如睡觉前、上下班路上、吃饭时，等等。

2. 工具革命。

我曾经和微信的产品经理聊过，问他微信和QQ到底有什么区别？他想了一下说，事实上，微信的所有功能QQ都有，但是原来是基于PC端的使用习惯，现在是基于手机端，用户的体验不一样了，甚至一些理念完全被颠覆了。由此可见，企业的经营管理者们可以考虑将原先基于PC端的工具进行一场革命，以适应当下这个时代的发展需求，向腾讯学习，抓住机遇，大胆创新。试想一下，如今用户数已突破5亿的跨平台通信工具微信，如果不是由腾讯公司研发出来的，那么腾讯今天会是什么样的状况呢？

3. 类目杀手。

两年前，搞平台建设可以说是无稽之谈，基本是不可能的事情，因为平台已经被大平台垄断了。像淘宝、京东等这样的平台，投入了多少资金才建成了今天这样的规模，与其竞争无异于以卵击石。但是今天我们可以看到，在移动互联网时代，好多平台不仅生存了下来，而且发展得越来越好。比如，大家都知道的美丽说和蘑菇街。为什么呢？因为移动互联网时代的到来让所有人都回到了同一起跑线上，同时出发。

PC端平台以综合类为主，即所有人在这个平台上都可以找到自己的需求，应有尽有。但是在移动端，综合类的平台就不灵了。因为屏幕小了，每页只能显示几个商品，其他几十亿的商品可能都得不到很好呈现。并且人们的时间被社交圈子这种强关系牵制，不会像在PC端那样悠闲地筛选。在这样的状态下，人们需要知道最适合自己的信息在哪里，最好能够马上呈现在面前。

所谓类目杀手类平台，就是专注于一个细分品类的平台。它的定位非常明确，可以在很大程度上节省人们寻找的时间和精力。如果有一个网站或一个APP只针对在校大学生，甚至再精细一点，只针对在校的女大学生，那么专注于这个特定人群的精细化的产品类目平台一定会火爆。可以说，正是移动端用户的消费需求和消费习惯使类目杀手类平台应运而生。

正如我们今天所见，像美丽说、蘑菇街等这样专注于细分产业的，甚至是专注于某一种商品类目的产业的“杀手”正在不断涌现。如只卖养生茶的、只卖进口水果的，等等。这些APP越来越专业，越来越深入人心，会利用大数据来剖析客户的需求，给客户想要的。

4. O2O 新思维。

很多人说O2O（即Online To Offline，线上到线下）的时代到来了，于是大家都在做O2O 。线上做得好的企业在思考，是否需要开一家实体店从线下引流。而做实体店的企业又在想，现在实体店的生意不太好，是否要从线上引流到线下，形成贯通。实际上所谓的O2O 是一个伪命题。为什么这么说呢？我们拿着手机走到一家实体店里，看到一个商品非常好，就用手机扫二维码支付购买了。那么，这个过程算线下交易还是线上交易呢？就这个过程而言，线上和线下已经没有明显区分，线下实现的是扫描二维码，而线上实现的就是支付。

对于零售业而言，O2O 是一个将整个零售业的线上和线下进行分工的过程。线下可以不用思考怎么吸引客流，而主要考虑怎样为当地的客户提供更优质的产品、服务以及最好的体验。线上则主要完成交易。

对于服务业而言，O2O 是服务业电商的春天。不断涌现的生活类服务网站就是最好的说明，比如“饿了么”“淘点点”这类公司的出现。只有服务业才必须在线下完成交易，而线上交易和线下交易共同构成O2O 的未来。因此，服务业电商化才是真正的O2O 。

可能未来移动电商还不能完全取代传统PC电商，因为移动电商还是有很多传统电商的特性。接下来补充一些在经营上移动电商的转变：

1. 流量转化与粉丝营销。

很多做电商的朋友问我，微营销时代怎么玩微信？可不可以注册 1000 个微信号，每个号加 5000 个好友，然后在朋友圈里发广告，这样行不行？当然不行，这种玩法还是早期的流量—转化率—成交的老思路，已经不太符合社交工具发展的规律。社交工具是让人们用来建立粉丝体系的，通过粉丝相互传播实现横向交流，产生口口相传的广告效应。所以，在社会化营销时代，必须由流量的转化率思维转变成粉丝的社会化营销思维。

2. 电商社交化。

现在做电商的大致分为两类，一类以粉丝经济为重，只强调粉丝圈子。如罗振宇、马佳佳之类的。另一类强调高流量、高成交转化率。但是不难发现，在移动电商时代，两者兼而有之的电商才能够成长起来。很多做得好的微电商，既有高流量、高成交转化率的新流量引入，也有粉丝圈子的建设和精心维护。因此，在这个微时代，电商想要生存和发展都会面临一个社会化转变的过程。

3. 服务业电商化。

在传统PC时代，我们都知道，电子商务是零售业的电子商务。所谓零售业的电子商务，简单地说，就是在网上售卖产品。在当时，做餐馆的进军电子商务，这是不可想象的。但是今天不一样了，我们可以通过移动端进行网上订餐，可以扫描二维码关注公众号享受就餐折扣优惠，等等，这些都属于电子商务的范畴。

今天移动端的出现让服务业迎来了电子商务时代。我们可以看到，生活中不仅餐馆电子商务化了，洗车店、咖啡厅、电影院等都在向电子商务化发展。以前要去到电影院才会知道正在上映什么电影映，现在只需打开移动APP，便可查到哪家电影院正在上映哪部电影，哪个场次还有空位，然后选座位、付款确认，甚至连电影票都不需要，直接扫二维码入场。这就是移动端带来的服务业的电子商务化。

传统企业转型微电商需要什么互联网思维

一谈到互联网思维这种“高大上”的话题很多人就挠头。有人说，传统企业不做电商是等死，做电商是找死。“不做电商等死”是指做电商的企业把传统企业的空间挤压没了，“做电商找死”是指自己不懂如何做，却盲目做。而我觉得，死并不可怕，不懂才是最可怕的。因为，企业无时无刻不面临着死亡的考验。一着不慎，满盘皆输。腾讯如果没有研发出微信，迟早也会被别人打垮的。所以在移动互联网时代，我们需要学会如何面对死亡、如何面对变革。

传统企业转型微电商究竟需要什么样的互联网思维呢？主要有以下四个方面。

1. 数据决策。

移动互联网时代，我们应该具有的第一种互联网思维是根据数据进行决策。做电商的，每天选什么款上架、在哪些时点上架、客服应该工作多长时间等，不能靠拍脑门子决定，而要根据搜集的数据、统计的报表来决定。一件商品面向什么用户群，要根据客户的购买数据来分析。这个用户群主要来自于哪些群体、哪些平台，或者说可以通过哪些渠道开发，都是由数据分析决定的。所以，基于大数据的决策，构成了现在所有传统企业转型电商的一个重要的思维变化。

2. 产品营销。

所谓产品营销，是指产品即营销。产品本身才最重要。如果你的产品不管是包装还是服务，都让客户有惊喜的感觉，那么你的营销自然就会打开局面。

这是因为移动互联网时代的强关系的特点。我们每个人都生活在一个关系链中，彼此影响、相互传播，所以就构成了产品即营销的概念。小米创始人雷军曾经说过，“我的互联网思维就是专注、极致、口碑、快”，其实这些内容都是围绕着产品而来的。当然我认为这并不是小米手机核心的全部，还有“情感”在里面。

好的产品自己会说话，营销过程中自然而然就会形成口碑效应，产生宣传效果，而不需要大规模地投放直接性的广告。在整个营销过程中，不能只是通过打折、促销来宣传产品，要让好的产品自己说话，让产品带有情感，产品才更具有营销力。

3.“自宫”能力。

“自宫”这个词不太好听，但是非常吸引眼球。“自宫”能力是什么呢？腾讯研发出微信，把自己的QQ革命了，这就是一种

“自宫”能力，也就是颠覆自己的能力。

很多人认为，企业做大了就安全了。事实并非如此。移动互联网时代，所有人都在同一起跑线上，企业不是越大越安全，而是适应变化越快越安全。有时候，庞大并不一定是优势，可能也是劣势，因为庞大的规模很难转身。所以在今天，“自宫”能力至关重要。

很多人可能不愿意做趋炎附势、见风使舵的人，但其实在移动互联网和电商社会化时代，见风使舵已经成为一种能力。企业能够见风使舵及时顺应市场发展的潮流，就是优势。团队能够在变化中及时调整姿态，改变产品策略和经营方向，会更容易取得成功。所以，那些说“做电商就死”的人，是因为他们连“自宫”的能力都没有。

4.“布斯”模式。

“布斯”就是乔布斯和“雷布斯”。“雷布斯”就是雷军，他自称“雷布斯”。那么，“布斯”模式是什么模式呢？

“布斯”模式的第一条，要专注于一个细分领域。如果不专注于一个细分领域，资源和实力就不足以与那些互联网大鳄相抗衡，结果自然是惨败而终。雷军就是专注于手机细分领域里中低价位的手机这一块，所以他成功了。

“布斯”模式的第二条，要完全控制供应链。如果无法控制住供应链，最终必然沦为平台打工仔。假如你代理了某某品牌的手机，好不容易卖得火了，结果其他平台也同步开售了，市场被瓜分了，收益降低了，甚至还可能导致恶性竞争。所以一定要控制供应链，把话语权掌握在自己手里。

“布斯”模式的第三条，要有社群和粉丝。为什么小米手机不需要打流量广告？就是因为他们有粉丝，有社群。

这个群体的力量太大了。粉丝们会自动自发地、不求回报地为小米打广告、做市场公关。小米手机推出新款了，他们会在第一时间转发。有人骂雷军、骂小米手机了，他们会去阻止，主动为小米做市场公关。新产品设计出来了，需要找人测试，他们免费做测试、撰写测试报告，并提出问题和建议。一部设计不完善的、还没有成功上市的手机比正式上市时还要贵，粉丝们却以买到它为荣。为什么这些人要这么做呢？因为他们喜欢小米手机。

如何理解微营销中的粉丝经济

首先，什么是粉丝？“粉丝”其实是个外来词，是由英语FANS（爱好者）的音译演变而来。所谓粉丝，就是专指那些狂热的追随者。

中国最早靠粉丝捧红的就是孔子。古书记载，孔子弟子多达三千人，其中贤人七十二，而且很多皆为各国的高官栋梁。可以说，这些弟子就是孔子的粉丝。孔子“述而不作”，连叹口气都有人疯狂传播。孔子平日里的生活也离不开这些粉丝们的帮助，他们不仅给孔子缴学费、送各种农产品，还帮他出“专辑”——《论语》就是这些粉丝们通过搜集老师的言行，记录编纂加工而成的。没有这帮粉丝，孔子在中国历史上的影响力根本不可能有这么大。

在今天的移动互联网时代，粉丝经济的重要性日益凸显。战争年代的实力是看兵力的强弱，而移动互联网时代则是看粉丝的多寡。粉丝意味着力量。哪怕你只是一介草根，但只要你拥有巨量铁杆粉丝，你就可以拥有强大的影响力。

在新的互联网经济体系下，粉丝数量不仅意味着影响力还意味着经济效益。“得粉丝者得天下”的“粉丝经济”已成为崭新的商业模式。著名演员陈坤推出了一个自己的微信会员平台。只要缴纳 18 元，就可以成为陈坤微信平台的月度会员。而要成为陈坤微信平台的年度会员则要 168 元。成为会员以后，不仅可以阅读陈坤的“行走”系列书籍、听陈坤的私房音乐、看私房照，还能听到陈坤的私家语音道早安、晚安。除此之外，一旦成为陈坤粉丝团的成员，还会获得与偶像近距离接触的机会。如果你是陈坤的粉丝，肯定会第一时间购买会员资格，因为看上去的确太超值了。果然，刚开通一天的会员平台，第一次收费就入账 700 万元。所以，谁掌握了粉丝，谁就找到了致富的金矿。

当然，粉丝也绝不是一个盲目的弱势群体。为什么苹果手机有那么多的忠实粉丝？那是因为苹果手机确实很牛，有被疯狂追捧的理由。但是单纯因产品本身优秀而产生的粉丝都不是真正的粉丝，他们不会忠实地长期留下来。只有被赋予了情感的、拥有偶像性质和精神思想内容的产品，才能够长期吸引粉丝。

在《连线》(*Wired*) 杂志创始主编凯文·凯利的新书《技术元素》中，有一个著名的“一千铁杆粉丝”的理论。就是说，如果一个艺术家拥有了一千铁杆粉丝，他就可以通过经营个人品牌获得收入从而养活自己，不用再上班了。而对于拥有几十万、上百万，甚至上千万粉丝的人而言，在他与他的粉丝共同构成的世界里，他就是国王，可以一呼百应、所向披靡。

每个人都有可能在不同的社群中存在着并拥有自己的粉丝，只要你能够建立起领袖关系，那么就算你的产品是小众的东西，也一样能够产生很大的经济效益。

“脑残粉”能够给微电商带来什么

粉丝中有一个特殊的群体，被称为“脑残粉”。脑残粉当然不等于脑残，而是指狂热的痴迷者，他们的喜欢完全不需要理由，他们愿意牺牲自己的利益无条件地相信你、支持你，就算你的产品有缺陷也愿意接受。

那么，“脑残粉”有哪些特点呢？

“脑残粉”绝不是被动加入的。脑残粉必须是心甘情愿地主动成为脑残粉，而不能被生拉进来。通过别的“脑残粉”介绍加入也不允许，必须经过正式申请和验证，甚至要交钱才能加入成为“脑残粉”。因为轻易得到的机会不会被珍惜。

“脑残粉”时刻关注着你的一举一动。他们会时刻关注你的微信、微博。不管网上有什么关于你的新闻报道，他们都会掘地三尺找出来。不是时刻关注你的粉丝不是“脑残粉”，而是“伪脑残粉”。

“脑残粉”会把你的一切都当成自己的。你的公司发生的所有的好的坏的事情，他们都会当成自己的。好的他们会引以为豪，坏的他们会帮你掩盖。当你出了问题，他们不会埋怨，而是想办法帮你解决，甚至愿意付费帮你解决而不后悔。因为他们会为看到你的成长和发展而感到自豪。

“脑残粉”唯一的要求就是特权——和你亲密接触的特权。哪怕有一次见面、握手、拥抱、聊天的机会，他们就会感到满足。

通过上面的总结，我们已经了解到“脑残粉”的特点。那么，“脑残粉”到底能给微电商带来什么呢？

1. 将不需要销售人员。

首先，有了“脑残粉”，商家将不需要销售人员了。他们就是商家最好的客服和销售人员。他们了解商家，喜欢商家，可以无条件为商家付出。2013 年，小米用半年的时间售出 703 万台手机，营收超过了 2012 年全年的营收 126 亿元，达到 132.7 亿元。而比这 700 多万台手机销售成绩更为传奇的，是拥有 500 多万忠诚的小米粉丝。小米公司成立两周年当日，现场公开发售 10 万台小米手机。成千上万疯狂的“米粉”从各地云集北京，仅用 6 分零 5 秒就将 10 万台手机抢购一空。而在其他城市的“小米之家”中，粉丝大排长龙，场面壮观，甚至还有“米粉”专门为小米手机作词作曲谱歌，帮小米手机做各种宣传。这些忠实狂热的“米粉”，成了购买小米手机的主力军。

2. 将不需要市场人员。

如果你的企业有数万个“脑残粉”，那么他们会主动帮你传播企业的优点，抵制负面消息，会帮你树立品牌形象，带给你无限的遐想。你的一举一动、一言一行都会被他们密切关注和广泛传播，从而形成粉丝的所谓广告效应，帮助公司节省大量的市场和公关费用。

3. 不需要开发测试和质检部门。

如果你有“脑残粉”，那么当你研发出一个新产品，可以直接将其交给“脑残粉”去测试。即使你的产品有问题，“脑残粉”也会包容和理解，并且会帮助你改进它。对“脑残粉”而言，最重要的是能够享受到别的粉丝没有的权力，他们会为自己能参与到这个企业的研发和设计过程中而骄傲自豪。

2014 年 4 月 23 日，小米预售的 10 万台小米路由器，在短短 59 秒内被“米粉”们一抢而空。半个月后，小米路由器的官方论坛出现了粉丝们贡献的 1193 条“玩机与教程”和 1853 条“晒机与评测”的帖子。还有很多“米粉”贴出标题为“小米路由器实际使用情况报告，小米工程师务必重视啊！”之类的苦口婆心的帖子。小米产品在质量上的精益求精、不断提高，粉丝们有很大的功劳。

4. 甚至研发部门也不需要。

奇虎 360 的硬件开发团队开发了一款智能儿童防丢手表，他们在产品正式投放市场之前，先试制了 1 万台工程样机交由粉丝们测试。刚开始这款手表只能通过 GPS 确定儿童在室外的位置，并没有室内定位的功能。而据粉丝们反馈，实际生活中带着孩子一起逛商城也是很可怕的，一回头孩子可能就不见了。而且粉丝们还反馈，手表戴在手腕上，小宝宝们会很容易想要去啃。于是，研发团队根据这些问题，又加入了蓝牙模式和无线网络室内定位功能，家长和孩子的距离只要超过 20 米以上，与手表连接的手机就会自动报警。同时还准备将产品做成手表和手环两个版本，功能更简洁的手环版是为了可以系在宝宝的脚上，这样就可以解决戴在手上宝宝容易啃咬的问题。这些在实际使用中容易遇到的问题，工程师坐在办公室里闭门造车是想不到的。

有人说，粉丝经济发展到极致就是研发、质检、交付、销售部门全都不需要了。这当然是不太现实的，毕竟粉丝不是专业人士。小米手机的创始人雷军坦承，小米手机成功的要诀有三：创业团队、创新和粉丝，而粉丝是其中最为重要的因素。

粉丝经济下，传统企业在移动端如何玩

粉丝经济下，传统企业怎么玩转移动端？首先传统企业要顺应时代发展的潮流向微电商转变，学习微电商在移动端的玩法。这里主要分享五点。

1. 粉丝的筛选和分类。

前面我们讲了，粉丝就是一群喜欢你、关注你的人，不是一个号码或一个工具。对于真正关注你的粉丝，要对他们进行筛选和分类，以加强他们的黏性、关联性和社交性。

2. 建立社群。

第二点要建立社群。粉丝和社群有关系吗？当然，但它们是不一样的概念。比如我站在广场上，大家只听我一个人讲话，那么听我讲话的那些人就叫作粉丝。社群是什么？是所有听我讲话的人相互建立复杂的社会化关系后形成的群体。只有粉丝相互之

间建立了社会化关系，消息才能够在其间进行交叉传播。只有一个人发言的那是媒体发布会，不是社群。

粉丝强调的是纵向关系，社群则强调横向关系。要想让粉丝和粉丝之间互动起来，形成强关系，就要有一个引领他们的意见领袖，起到纽带或者是精神寄托的作用。这样，社群才能以领袖为中心进行互动。

3. 内容和活动。

有了社群不搞活动，那这个社群就是“死”社群。所以你必须要建立社群内部的沟通交流机制，形成社群内部的日常工作。内容和活动就构成了社群里很重要的部分。内容就是要提供服务的文章，活动就是让社群互动活跃起来的项目。

多举办社群活动能够加强彼此的信任感。如果永远只是一个人在讲，那么不仅没有人会听，可能还会引起反感。所以，要走出来和粉丝们见面交流互动，加深彼此的感情，这样大家才可能成为你的铁杆粉丝。

4. 口碑预售。

口碑预售是微电商营销方法里最好用的一种。预售就是不要一次性卖光，而是一边宣传造势一边预约销售。选定一个爆款，提前造势，通过粉丝间的传播将口碑信息传递出去，从而引爆产品销量。

5. 众包众筹。

所谓众包众筹，是指借助大家的力量快速完成一件事。这里的力量，可以是资金，也可以是其他方面的力量。比如大家都有社群，借助大家的社群进一步将产品推广出去。

这些都是粉丝经济下微电商在移动端的营销新玩法。传统企业要深度研究这些方法，才能保证在转型过程中更加顺利并取得更好的成绩。

第二章

“三微”工具，布局微电商营销体系

微信营销，必为企业带来终身财富

微电商常用的微营销工具主要有三种：微信、微博、微淘，也称为微电商“三微”营销工具。注意，这里的微淘我们把它定义为所有手机微电商的统称，而不是特指手机淘宝的一项功能。

什么是微信和微信营销

大家都知道，微信是腾讯公司于 2011 年 1 月 21 日推出的一款非常流行的手机通讯软件，支持发送语音、视频、图片和文字短信，支持多人群聊。微信软件本身是完全免费的，在使用过程中产生的上网流量费由网络运营商收取。

它不存在距离的限制，解决了空间和地域的障碍，让陌生人交友变得自然起来。你使用微信后，可与周围同样使用微信的“朋友”形成一种联系。因此，微信将成为沟通虚拟世界与现实世界的工具之一，也将成为移动互联网最大的入口。而微信营销是伴随着微信的火热而兴起的一种网络营销方式，是移动互联网时代企业营销模式的一种革命和创新。

微信的用户黏度没有任何一个产品可以比拟。从权威的统计分析数据看，微信日均互动次数高于其他社会化媒体平台，而且微信平台拥有最好的用户忠诚度。

在微信出现之前，没有任何一个工具能够具有适合社会化营销的一切属性。用户可以向企业订阅自己所需的信息，企业又可以通过提供用户所需的信息推广产品，从而实现点对点的社会化营销。

在微信这样一个全新的平台上，我们能够更理性地从营销的基本思路出发，洞察目标人群的相关特征、习惯和客户的生命周期，不断地优化企业的营销策略。可以这样说，在微信出现以前，任何营销都不能算是真正意义上的社会化营销。因为营销活动推出来后，要么不知道多少人看，要么不知道谁在看，要么不知道看的人怎么想，要么看了不知道怎么买到、哪里买，要么客户买了以后的使用情况也不了解。而微信的出现，让这一切问题都能够得到了解决。

而对于微博和微淘来说，它们和传统的非社会化营销的关联度比较大。简单地说，微博在一定程度上替代了传统媒体，微淘是把传统PC端的购物功能移到了手机端。它们都没有真正实现社会化营销。

微信除了具有社会化营销的属性之外，还是最好的客户管理和维护工具。它的客户维系功能远远超过了微博和微淘。微信建立的是一种朋友关系，就算公众账号也一样。由于微信一对一的沟通交流方式具有良好的互动性和私密性，因此精准推送信息的同时更能形成一种朋友关系。正是这种朋友般亲近的沟通方式，成就了微信如此之高的活跃度。可以说，它是把老客户圈得最牢的工具。

世界著名的营销大师盖瑞·亥尔波特曾经说过："假如今天你在海滩上开一个卖热狗的小摊档，在你旁边还有其他的竞争对手，如果你只能够采用一种手段来和你的竞争对手来对抗，你会怎么做？你是选择比较好的地点，还是选择更好的制作热狗的原料？你是采用最诱人的广告标语，还是选找一位非常漂亮的销售员？"答案是："上述策略都没有用，你需要的是一群饥饿的人。"

这个故事告诉我们，得到终身财富的唯一的途径就是，获得大量对你和你的产品感兴趣的、有需求的人，然后培养和不断加强这些人对你的信赖，让他们了解你，相信你，甚至深深地爱上你。有了这样一群人在你身边支持你，你将能够获得永续的财富。

这其实就是营销学里面著名的"鱼塘理论"，微信就相当于这个鱼塘。这个鱼塘有多少鱼，取决于你的微信圈有多少粉丝。

移动互联网的发展引发的底层基础的革命，将会极大地摧毁和重构传统社会到的一切现象。而微信营销就是移动互联网时代企业营销模式的一种创新。企业可以将微信作为品牌的根据地，首先吸引更多人成为普通粉丝，再通过内容和不断沟通互动将普通粉丝转化为忠实粉丝。当粉丝认可品牌，建立信任后，他们自然会成为你的顾客，并为你贡献终身价值。

至于如何使用微信给企业和品牌创造更大的商业价值，目前是一个非常热门的话题，也是本书重点要讲的内容之一。

微信营销能为企业带来多大的商业价值

2011 年 1 月 21 日是个特别的日子。在这一天，注定改变未来整个互联网生态模式，让马云都害怕的微信诞生了。微信在短短的 3 个月内，就获得了四五百万的注册用户。2013 年 1 月，腾讯微信团队在微博正式宣布，微信用户数已经突破 3 亿。而短短一年后，媒体普遍认为，微信用户数已经突破 6 亿大关，包括 1 亿的海外用户和 5 亿的国内用户。这么大的用户量将会爆发出巨大的经济效益，也就注定了其强大的商业价值。越来越多的企业开始搭建微信公众平台，以求创造可观效益。目前微信公众号的整体数量已经超过 300 万。自微信面世以来，它创造的各种低成本、高收益的神话层出不穷。

作为国内最具口碑的餐饮连锁服务机构，海底捞是较早试水微信营销的餐饮连锁服务企业之一。海底捞在 2013 年 10 月与微信确立合作关系，2014 年 1 月正式上线微信公众号订餐，并接入微信支付。在短时间内，其凭借在微博、点评网站等传统PC端互联网平台的口碑，迅速聚焦起了大批忠实粉丝。

目前，通过“海底捞火锅”这个微信公众号，粉丝已经可以完成“看、吃、玩”三大块内容，包括门店查询、在线预订座位、送餐上门、选购底料、在线小游戏等一系列操作。用“微信支付”功能，吃火锅可以不带钱包了，而且还可以享受“微信价”。同时，海底捞还提供微信照片打印服务，这是继免费美甲、擦皮鞋之后的又一个特色服务。不仅引来食客，还能不断增加更多海底捞微信公众号粉丝（潜在客户）。如图2.1、图2.2所示。

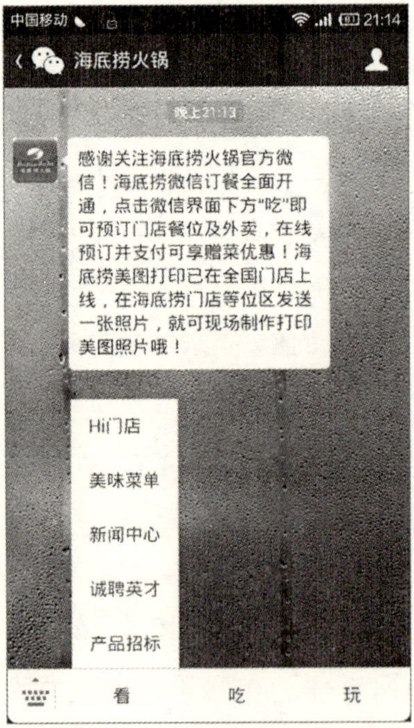

图2.1 海底捞微信平台–1

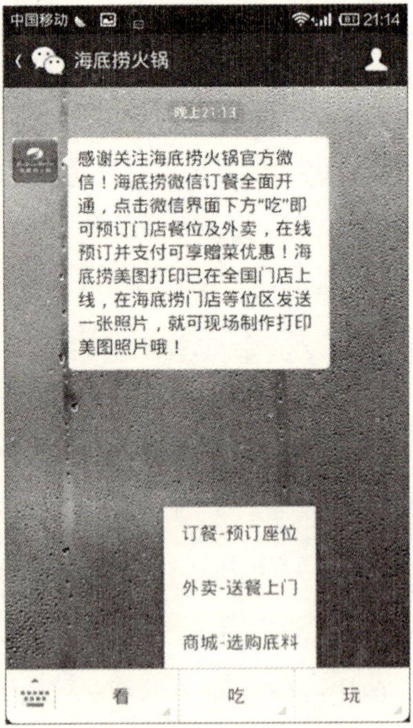

图2.2 海底捞微信平台–2

海底捞使用微信营销的直接结果是，其微信订餐的订单数由1月的423笔上升至3月的3万多笔，占订单总数的63%。使用微信支付的总交易量由最初的6000份上升到50多万份。在这3个月的总销售额中，微信支付占比达到了17%。

海底捞的微信营销不仅提升了订餐数量，而且提升了顾客在用餐过程当中的感受和体验。海底捞的特点就是排队等位的人很多，如果每桌都可以采用微信支付提高结账速度，就能减少排队时间，同时还能降低现金管理风险。用微信支付，不但有优惠，而且省去了现金找零等步骤，提高了效率，替代了比较累赘的钱包和银行卡。顾客还可以通过公众平台进一步了解海底捞，使用其“看、吃、玩”三大类服务，享受到更轻松愉快的美食消费体验。

目前酒店行业第一公众服务号——铂涛酒店集团的官方微信账号“铂涛会”使用一个微信运营、两个技术开发、三十个微信客服，在短短半年多时间内，粉丝数量增至百万。目前已实现日均微信订房7000单，其中2013年最后一天订房数过万，日常两次订房人数比例超过七成，使用微信支付结账的超过四成，退订比例从20%降到4%，日处理消息数超过一万条……这些神奇的数字足以让很多企业望尘莫及。

“铂涛会”微信平台提供微信订房、支付、积分兑换、定位搜索分店、查找分店以及在线客服等服务。其会员可以全天24小时通过微信公众服务号预订酒店。客户只需要通过手机扫描摆放在分店前台的二维码，即可完成房费支付。用微信支付还可以获得旅行洗漱套装，这个价值只有 10 元的赠品对于其主要目标群体来说非常有用。在吸引客户关注方面，“铂涛会”并没有使用价格优惠策略，而是使用首次关注并绑定的客户送矿泉水一瓶的方式，这种简单的方式同样获得了热烈追捧，开通首月就收获 20 万粉丝。如图 2.3、图 2.4 所示。

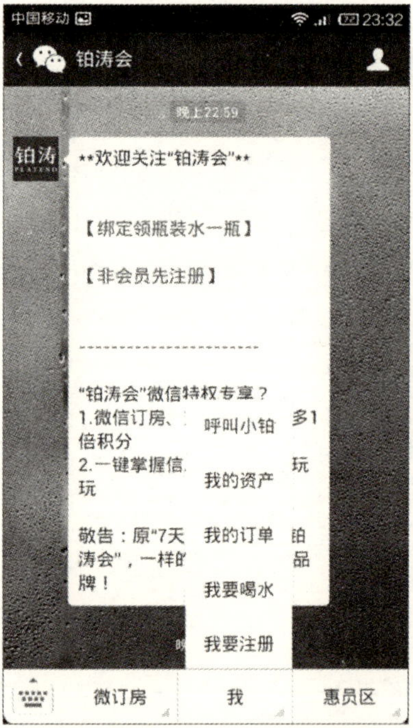

图 2.3　铂涛会微信平台 –1

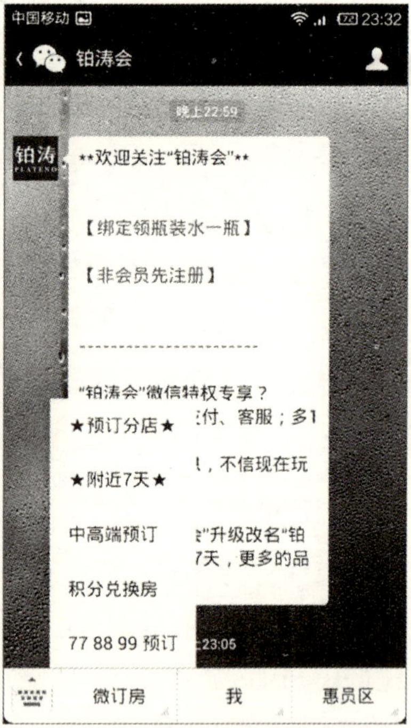

图 2.4　铂涛会微信平台 –2

铂涛酒店集团通过微信营销，不仅让客户获得了更方便快捷的服务体验，吸引了大量新客户，而且还牢牢地圈住了大部分老客户，提升了他们的忠诚度，并大大增强了其品牌影响力。

“来伊份”作为中国休闲食品连锁零售行业的领导品牌可谓家喻户晓。目前他们也在经营自己的微信公众服务账号。

来伊份的产品主要有四大类：炒货、蜜饯、鱼制品和肉制品。主要通过门店连锁的形式进行销售，但有的店铺面积比较小、货品陈列不全、店铺覆盖范围也有限，随着人力成本与店铺租金的提高，公司发展遇到了瓶颈。而如果以电商为主要经营方式，那么不仅可以轻松突破瓶颈，扩展销售区域，提高销量，同时还可以通过线上传播更好地打造品牌。

来伊份的微信商城起步较晚，且由第三方代运营。他们在节假日期间推出了各种针对微信平台的特惠活动，以吸引粉丝关注，尽快扩大粉丝规模。如图 2.5 所示。

来伊份公众服务账号集多种功能于一身，如绑定线下实体店的会员卡、同步会员信息、兑换会员积分等。目前来伊份微信商城的粉丝数正在稳步增长，微信商城等移动端的成交占比也越来越高。

说到微信营销的成功案例就不得不说到“罗辑思维”。2012 年 12 月 21 日，传说中的世界末日，CCTV《对话》栏目原制片人罗振宇、独立新媒创始人申音、资深互联网人吴声，三人合作打造了知识型视频脱口秀节目《罗辑思维》。短短一年后，其自媒体“罗辑思维”的微信公众号粉丝数就突破百万人，其中不少还是“脑残粉”。

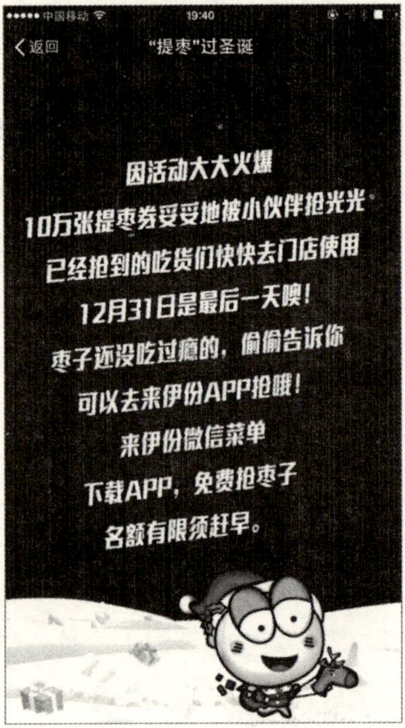

图 2.5　来伊份微信平台

2013 年 8 月，“罗辑思维”尝试第一批社群会员招募。原计划筹备 5 天的销售期招募 5500 个会员。然而这些名额竟然在 6 小时内就被抢购一空，最后还增加了 600 多个名额，瞬间募集了 160 万元资金。同年 12 月 27 日，“罗辑思维”又成功地进行了第二次社群会员招募，号称“史上最无理的会员召集”。一天下来很轻松地募集了 2 万多名会员，4000 多名铁杆会员，800 万元资金，唯一的支付通道就是微信。如图 2.6 所示。

这几百万的会员费还不是重点，100 多万微信上活跃的、铁杆的、代表未来的年轻人才是“罗辑思维”的巨大财富。如果按每个人的通讯录有 100 个好友，去掉重复好友，“罗辑思维”可能覆盖到 1 亿人左右。这当然就蕴藏着极大的商业价值，据估计“罗辑思维”目前价值 1 亿元左右。

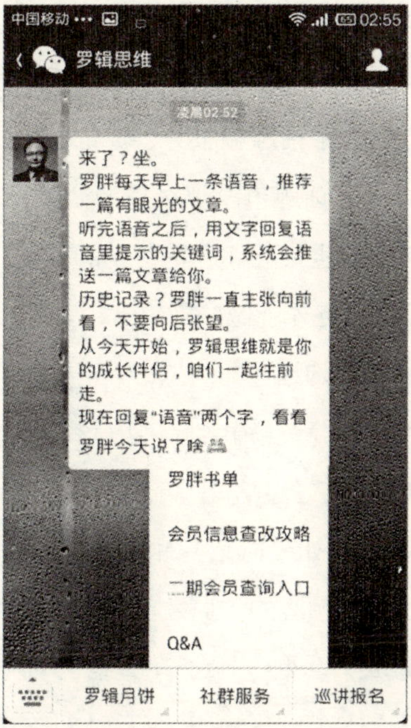

图 2.6　罗辑思维社群

未来，微信能为企业带来多大的商业价值，是难以预料的，而现在你要做的，就是顺应趋势，不要掉队。

做好微信营销的 6 个注意事项

在移动互联网经济时代，微电商如何才能做好微信营销？我总结了以下 6 个注意事项，供大家参考。

1. 不要依赖话题。

很多微电商觉得，粉丝经济就是要依赖于话题，所以总在忙着制造话题。事实上，如果话题和服务、定位无关，那么话题再精彩也是无效的宣传。所以话题也没那么重要。如果过分依赖于话题，那么传播将不可持续，也会让你忘记营销的本质。营销的本质就是服务。能提供持续的服务才能做好微信营销。

2. 微信营销核心是沟通。

移动互联网经济下，营销字典中应该剔除“宣传”这个词，因为自说自话的时代已经过去了。微信本质上是一个沟通平台，而沟通需要有来有往。如果微信营销还停留在宣讲阶段，那注定是失败的。只有通过与顾客的沟通才能取得顾客的信任。

微信沟通的方式有多种，除了在微信公众号后台设置自动答复之外，还应该设置专门的岗位以便及时回答粉丝的问题，与粉丝进行人工互动。因为自动回复就像QQ聊天时的自动回复一样，会让人生厌，感受不到诚意。企业微信公众号，要能够做到适时的人工互动，否则很难做好微信营销。

那些在互联网粉丝经济中成功的企业领袖们，如小米的雷军、黄太吉的赫畅、雕爷牛腩的孟醒、快书包的徐智明……每一个都曾在一线亲自回复和互动，和粉丝们打成一片。赫畅甚至直接公开说：“别扯什么微营销了，老板能坚持和粉丝互动一年，没有做不好的社交网络。”

3. 适当开展线下活动。

粉丝们在线下直接见面互动，从沟通的效果而言显然是最好的方法。面对面的交流不仅有利于增进感情，让粉丝之间建立互动，培养更多忠实的粉丝，更能够产生鲜活、接地气的内容，这样的微信号也会显得更真实，更有亲和力。光靠平台本身自然增加的粉丝数量是有限的，粉丝的质量也不会很高。因此，做微信营销应当适当开展一些线下活动。

4. 不要一味地发广告。

做微信营销需要转变直接售卖产品或内容的思维，因为这种赤裸裸的广告方式根本不适合社交网络。微信营销的目的是维护顾客关系，用99%的时间来培养顾客的信任感，让内容服务化、产品服务化。社交网络，归根结底的功能是社交——人与人的社交、品牌与人的社交。要暂时忘记销售，多为促销铺垫预热。如果一个月拿出29天的时间来培养顾客，只用1天的时间来促销，那么将会有事半功倍的效果。

就算是朋友之间，如果经常在微信刷朋友圈推销产品，也可能会导致你的朋友把你屏蔽。

5. 粉丝质量比数量更重要。

衡量一个社群的影响力，不是看它的粉丝数量，而是看单个粉丝的回报率。粉丝再多，如果不能转化成价值，便毫无用处。

不要被那些所谓的 1 个月增加百万粉丝之类的案例冲昏了头脑。我们需要的粉丝是目标粉丝，是那些真正需要你、爱你的粉丝。一些微信代运营公司只顾吸粉而不顾粉丝质量的行为是非常不负责任的做法。

6. 建立情感中心。

要长期维护一个粉丝群，就需要塑造一个能够代表这个群体意志的偶像或者精神领袖，建立情感中心。这样这个群体就有了灵魂，从而具有了活力、亲和力、感染力、传播性和足够的互动性。只有围绕着情感中心进行的微信话题，才能带来最大的传播效应，进而起到最好的关系维护效果。

企业微博，打造品牌的网络媒体工具

微博，作为一种越来越普及的网络媒体工具，它有一个很显著的特点，就是能非常迅速及时地将信息传递到每一个粉丝的微博页面，只要你有足够多的粉丝，那么你就能拥有足够的空间去发挥自己的特长，打造自己的品牌形象。

与微信相比，微博就像是在一个公开场合做演讲，其传播广度和速度惊人，但是传播深度及互动深度远不及微信。微博赚的是转发量和眼球。而微信注重深度交流，重在提供服务。

企业为什么要做微博营销

微博是微博客的简称。任何人都可以使用微博，将自己看到的、听到的、想到的事写成不超过140个字的一段文字（同时可添加图片、视频、音乐等），通过各种网络工具进行分享。它实现了让每个人都有机会在任意时间、任意地点发送或获取信息。

目前国内的微博平台有很多，如新浪微博、腾讯微博、搜狐微博等。其中，新浪微博是最具影响力的。据2014年统计，新浪微博拥有超过5亿注册用户、超过300万认证用户。也就是说，13亿人中每三个人就有一个人使用新浪微博。因此，本书所讲的微博营销主要工具指的是新浪微博。

通常意义上来说，只要是专门用来为企业服务的微博就是企业微博。而取得加V认证的微博会有更好的权威性和更多的功能及后台支持，能够带来更好的用户体验。因此，如果要做企业微博，最好做加V认证的微博。

国际上，微博鼻祖Twitter已成为绝对的霸主。美国互联网流量监测机构comScore发布的统计数据显示，2014年Twitter的全球注册用户量已经超过了10亿，活跃用户数为2.4亿。

Twitter在企业营销方面发挥了卓有成效的作用，如戴尔、通用，甚至奥巴马总统选举，都在Twitter上开辟了营销战场。Twitter专门为企业开辟了品牌频道，企业可以在这里创建品牌页面，并组建各种小组，向自己的用户发送各种活动和促销信息。通过与用户的互动，实现企业的品牌推广。

戴尔是最早利用微博进行企业品牌营销并取得良好业绩的企业之一。自从2007年3月在Twitter开通官方平台之后，戴尔已在Twitter建立了35个账号，并依功能分成了六大类，每个账号都有专人负责管理。目前其与微博相关的营销收入已经超过了700万美金。

2015年，新浪微博将会加速微博商业化的进度，建立更有价值的商业化模式。2014年，新浪已经有53万多家企业与机构账户。新版企业微博将会为企业提供更多的增值服务。

企业为什么要做微博营销呢？曾经在微博上有这样一段广为流传的话：“微博粉丝超过100人，你就是一本内刊；超过10万人，就是一份都市报；超过100万人，就是一份全国性报纸；超过1000万人，就是电视台；超过1亿人，就是CCTV。”这段话很形象地展现了微博的强大营销效果。企业如果有了数量及质量都过硬的微博，就等于拥有了一个影响力巨大的营销平台。

我们再来看看，微博这个营销平台还有一些什么样的特点？

1. 传播方式简单。

微博简短的表达形式，降低了普通大众发布信息的难度。你只要点一下转发，即可把别人的微博转到自己的微博上来。不同层次的人都能够轻松建立起沟通互动的桥梁。

2. 立体化。

微博可以借助多种媒体技术手段，以文字、图片、录音、视频等展现形式进行描述，从而使接收者能更形象、更直接地接受信息。

3. 实时快捷。

只要有网络，你就可以通过手机、电脑、Pad等工具，轻松实现简短信息的发布。实时性、便捷性和现场感很强。

4. 传播信息快。

微博是人类有史以来传播速度最快的媒体。上一秒发生的事情立马就能够在微博上传开。很多事件都是首先在微博中披露和传播，然后才慢慢在各大传统媒体中得到报道。

5. 信息传播广泛。

通过粉丝进行病毒式传播能使传播范围呈几何级放大，产生巨大的新闻效果。

6. 获取信息多。

通过各个角度、阶层、属性的人物或媒体或企业进驻微博，使我们可以从微博上获取更丰富的信息。

7. 任意定制。

你可以随意定制你想要获取的内容。比如你关注娱乐明星，就可以定制娱乐方面相关的资讯。关注IT明星，就可以在第一时间得到IT方面的各类信息，非常方便。

所以，微博营销就是通过微博平台为商家、个人等创造价值的一种营销方式。企业可以通过微博向外界传播品牌理念、产品信息，从而树立良好的企业形象和产品形象，起到媒体公关的作用。同时它还能通过价值的传递、准确的定位、系统的布局、内容的互动等方式获得营销的效果。如果你拥有一个有大量粉丝的微博，你将更容易建立企业或者个人品牌，更容易把产品推广销售出去。而且随着粉丝的增加，你将拥有无限的可能性。“微博是地球的脉搏”，美国《时代》周刊曾经如此评价微博强大的信息传播功能。

开通微博的企业有很多，但并不是都在做微博营销。微博营销是要有一定目的地运营微博，要么是利用微博带来流量和销量，要么是通过微博进行品牌管理、市场公关。只要你的微博是抱着这两个目的在运营，那么都是在做微博营销。

企业一般是以赢利为目的的，所以企业往往是想通过微博来增加自己的知名度，最后达到能够将自己的产品或服务卖出去的效果。但企业微博营销不是单纯地发广告卖产品，还可以起到至少以下五个方面的积极作用：

1. 官方发言人。

企业微博对于企业的第一个作用就是，它可以成为对外宣传和发布消息的一个窗口。比如企业可以在这里发布自己的业务信息、经营情况、公司动态、活动或促销信息等。可以对外展示自己的企业品牌形象，能为那些寻找话题的新闻工作者提供新闻线索，是一个非常好用的低成本媒体平台。

2. 进行各种营销活动。

利用企业微博，你无须刻意就能制造与公司有关的热点话题，有效地把消息传播出去。同时还有助于搜索引擎排名，你的微博也有可能进入搜索结果首页，为企业官方网站带来更多流量。你还可以使用企业微博为产品进行各种促销、危机公关、事件营销、口碑营销、新品发布等营销活动。

3. 建立企业文化。

企业管理者可以很方便地以个人身份与企业内部员工建立联系。通过把公司员工的个人微博集合在企业微博中，来集中培育企业自己的文化。这里要说明的是，大企业的企业微博还可以使用多个账号，用来分作不同的功能。比如凡客诚品公司的企业微博账号就有“凡客诚品”“凡客达人官方微博”“VANCL粉丝团”“手机凡客”等。通过功能的细分和定位，可以更好地进行内容发布的区分和粉丝互动管理。

4. 客户关系管理。

企业可以通过企业微博及时了解自己的客户在想些什么、他们有什么意见，然后根据这些信息做相应的调整，同时为后续的售后工作提供支持，节省售后服务成本。此外，还可以和客户进行互动，拉近与市场的距离，获得更直接有效的市场反馈。对于客户来说，他们也很愿意关注你的微博，因为他们可以通过你的企业微博第一时间获悉最新消息或解决方案，与品牌近距离接触，了解企业发展动态或技术观点。

5. 商务活动。

微博甚至还可以直接用作预订等网上交易的平台。美国新奥尔良比萨连锁店Naked Pizza就做了一个很好的示范。客户们通过Twitter向比萨店询问价格、下单、报告地址；而比萨店则通过微博向客户们发布打折信息、新品信息，报告比萨是否已经送出。这样比萨店就再不需要付出比如直投邮件、短信推送等服务费用去与他们保持联系了，而且效果也好得多。

轻松打造合格的企业官方微博

一个权威有效率的微博账号需要专业的形象设计和功能应用，这里以E店宝ERP软件的官方微博（见图2.7）为例从以下几方面进行讲解：

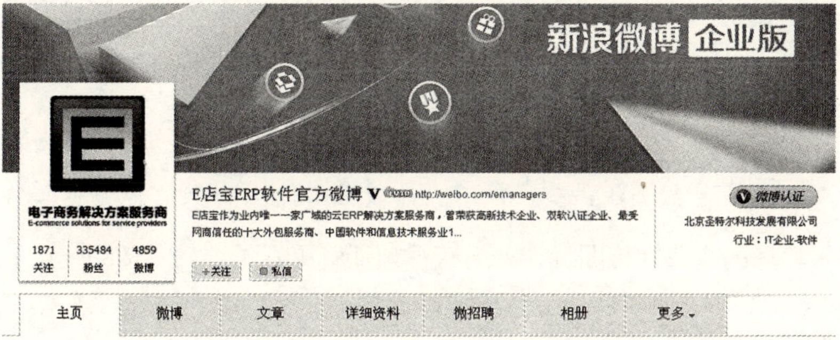

图 2.7　E店宝ERP软件的官方微博首页

1. 微博头像。

微博也讲究有头有脸。这样有助于提高真实性和信任度。如果是企业微博，可以放上企业的Logo，让用户加深对企业品牌的印象，塑造品牌价值。

2. 企业介绍。

要提高声誉和可信度，完整的企业资料是必不可少的。包括企业简介、经营范围、门店地址、联系方式等。这也是潜在客户在短时间内了解你的重要一步。

3. 企业认证。

如果你的企业微博获得了蓝色V认证，那么不仅可以获得更多的功能和微博管理工具，同时还能提高微博的声誉、权威以及可信度。

4. 企业相册。

在企业相册中可以展示企业图片和产品图片，让浏览者更加了解企业，也使企业微博界面更加直观和友好。

5. 焦点区。

微博界面的中间部分是最吸引眼球的地方，也是广告价值最高的地方，称为焦点区。你可以在这个区域内放上单张的或者多张轮播的企业宣传图片，如果有视频那就更好了。如图 2.8 所示。

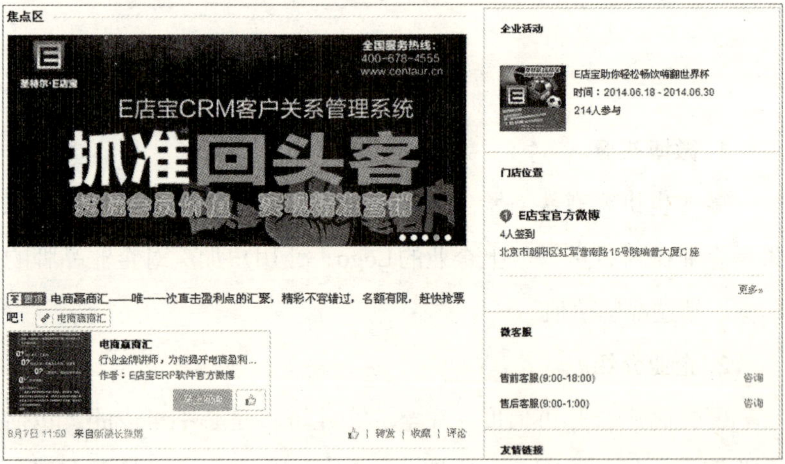

图 2.8　E店宝ERP软件的官方微博首页焦点区

6. 企业矩阵。

企业矩阵功能可以把企业的老板和所有员工账号都聚合起来。增加企业认同感和团队凝聚力。

7. 微客服。

微客服能够让客户给你的官方账号留言。作为一个售后服务的集中功能，节省了逐条筛选大量的微博回复的精力。

8. 友情链接。

微博不是一个独立的载体，它还可以实现与官方博客、企业官网、淘宝店铺等相关网站互相联系。通过添加这些相关网站的友情链接，可以让潜在客户更方便、更全面地了解你。

9. 微博皮肤。

你还可以为企业官方微博量身定制独特的皮肤，以便与其他企业微博区别开来，从而增加企业的曝光率。比如设计皮肤时加上企业的服务优势、电话等元素。

如何让企业微博快速吸引目标客户

开通了企业微博之后，最关心的就是快速增加粉丝的问题了，而且这些粉丝应该是精准的目标客户粉丝。企业微博上如果只是自己的声音，那肯定是没有任何效果的。

微博营销最大的特点就是能够快速传播，获得一传十、十传百的效果。而要达到这样的目的，除了微博内容要易于传播以外，粉丝数量和质量是最重要的。因此，如何快速增加高质量的微博目标客户粉丝，是每个做微博营销的企业最重要的课题。

完善你的微博资料也能够自动增加高质量粉丝。比如你的标签，你可以增加不超过 10 个标签。使用它可以自定义描述企业的经营范围、客户类型、产品的关键词等，让更多人找到你，也让你找到更多同类人群。如图 2.9 所示。

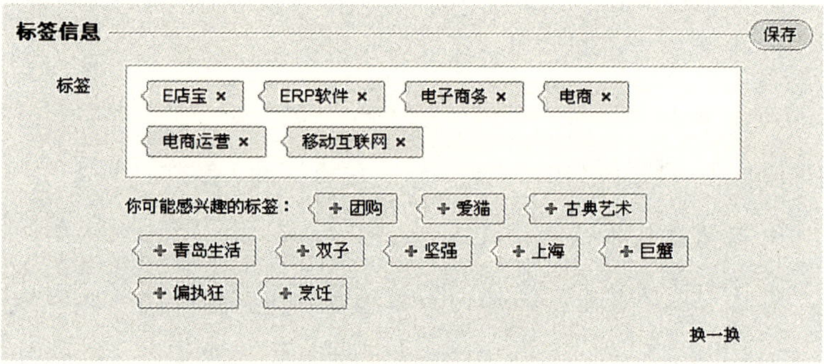

图 2.9　标签信息

好的微博内容能够引发越来越多的转发。在微博内容获得反复转发、曝光的同时，会吸引更多人关注。因此，企业微博上应该多发一些最容易被转发和传播的内容。比如有创意的微博。你可以发一些员工的工作照或者公司的最新产品，再加上些许的创意或者搞笑的段子。你还可以发布一些行业新闻，然后加上调侃式的评论。要注意的是，发微博时一定要加上图片，因为图文并茂的微博更受欢迎。而且这些图片上一定要加上自己企业 Logo 的水印，可以起到品牌宣传的作用。如果你的消息比较灵通，那么最新的热点新闻、独家新闻也是很容易被转发的。此外，还有感人事件、星座话题、搞笑语录（搞笑图片）等，这些也都是非常容易引发转发的内容。

主动关注和你店铺定位人群相似的群体。当你关注别人的时候，别人也有可能会关注你。你可以利用微博上的搜索工具找到潜在客户。怎么找呢？在微博平台上总会有一些朋友会谈论你的公司、你的产品和服务、你的同行，以及相关行业的各种话题。这些人要么是你的现有客户，要么就是你的潜在客户或目标客户。因此，就可以围绕他们谈论的内容进行搜索，比如你的产品名称、所属行业、所在地区、公司名称、品牌名称、企业负责人名字、行业意见领袖的信息、公司最新消息等，从而找到他们。比如搜索"E店宝"这个关键词，得到的大量结果应该就是他们的客户或者是目标客户。如图2.10所示。

加入更多的相关微博群。微博群就像QQ群一样，是一群人因为某个共同的特点或者话题而聚集到一起，进行交流和互动的地方。在人数多的微博群里发微博是一个很好的展示自己的渠道。比如E店宝，就可以搜索那些主题是"电商"的微博群。找到这样的微博群以后，就会发现大量的潜在目标客户。当然你也可以自己创建相关的微博群，集合这些高质量粉丝，为己所用。如图2.11所示。

转发一些质量和人气比较高的微博也能够吸引粉丝，并且能够吸引别人转发，继而获得更多粉丝。但企业微博应该尽量不要让转发的比例超过所有微博数量的70%。

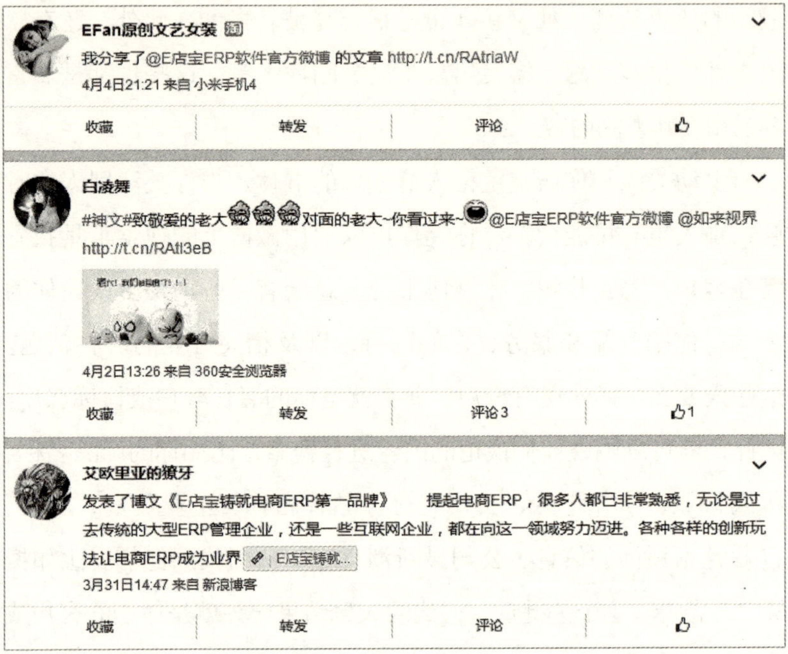

图 2.10　关键词搜索

要注意多与粉丝和同行保持互动。评论别人发的微博时，如果你的见解很独到犀利，而且具有一定的启发性或者幽默性，那么对方的粉丝也会同样青睐你的微博。经常访问别人的微博、@别人，你的活跃度就会很高，这会让你获得更多展示的机会。当然你在使用@功能的时候，不要一次@过多的人，也不要过于频繁@。维护好微博的人际关系，会让你的微博更接“地气”。

多参与一些热门话题的讨论。社交媒体有一个显著的特点，就是人们交流的话题一般都是大家共同关心的问题。所以，你可

图 2.11　相关主题的微博群

以积极参与评论时事热点新闻（注意：一定要褒义的、正确的、大众可以接受的评论），也可以批判一些社会上存在的不好的现象，展示企业的责任心。使用“#××话题#”功能发出你个人与众不同的观点，让更多人看到你、注意你。如何知道微博中有哪些热门话题呢？你可以打开新浪微博话题榜（网址 http://weibo.com/pub/topic），这里会有近期最热门的事件、关注焦点、热门话题等等。这样你的微博就能够获得更多展示机会，也能够吸引更多对你感兴趣的人关注你。如图 2.12 所示。

虽然微博可以随时随地发布内容，但如果你想用它做营销，那么最好能每天定时定量发布一些提前精心准备的、让企业的目标群

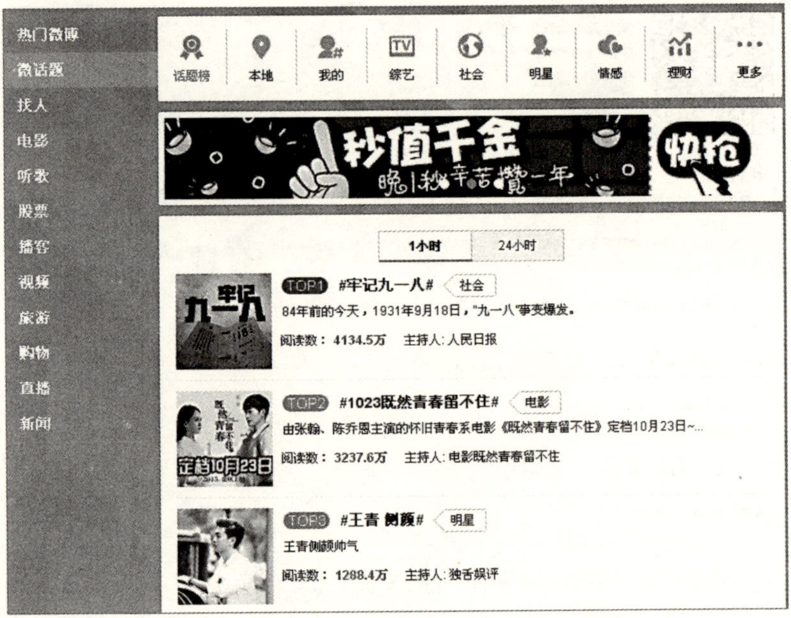

图 2.12　新浪微博话题榜

体感兴趣的内容。因为当你形成规律时，你的粉丝自然就会知道你大概会在什么时候发布一条微博，那么一到时间他就会不由自主地去关注你，看看你又发了什么新内容。在新浪微博里有一个默认的规则，就是如果你刚发了一条微博，那么你便会获得官方短暂的推荐时间，通常是推荐给新注册的用户。据统计，在 11:30—13:30、16:30—18:00、20:00—22:00 这三个时间段发微博和新注册的用户偏多。所以你可以好好利用这个机会，把握好更新微博的时间，给自己争取更多的展示机会。

你还可以通过 QQ、邮件群发、博客、社交网站、行业论坛等其他网络平台来宣传和推广微博，让更多的潜在客户从各个渠道认识你、找到你。

此外，通过策划各种有创意的活动来聚集粉丝效果也是非常不错的。对于企业微博来说，需要不断设计一些有创意的话题和活动，才能源源不断地吸引更多的粉丝加入。在微博上发放新品免费试用体验装，就是有效吸引粉丝的方法。你还可以发起一些投票的活动，增加粉丝活跃度，从而带来更多新鲜粉丝。利用节日话题发起各种有创意的互动有奖活动，也是很不错的方法。如图 2.13 所示。

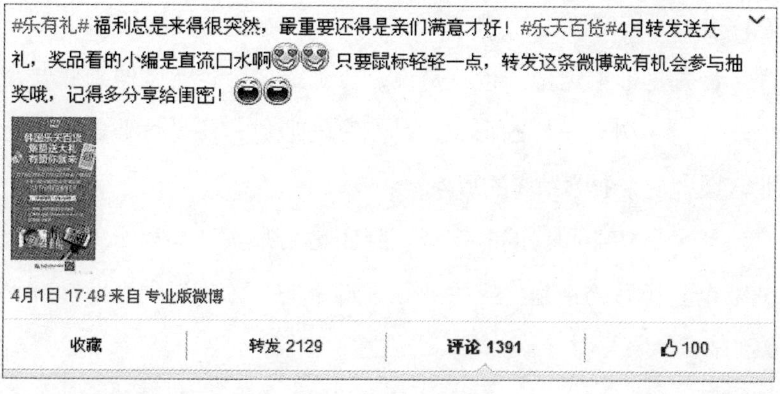

图 2.13　发起活动

通过以上方法，做好每一个细节，微博粉丝一定会成倍数地增长。有了大量高质量的粉丝之后，接下来的微博营销活动才能够获得最大的效益。

微博营销，内容为王

微电商们在做微博营销的时候最直接且最重要的一项工作就是通过微博发布信息。因此，如何做内容建设无疑是微博营销中至关重要的一环。

微博的内容营销指的是以140个字篇幅，附带图片、视频、录音等介质传达企业的相关信息给客户，通过发布合适的内容实现营销的目的。

做内容建设首先要制定内容策略，也就是给自己的微博定位。怎样进行微博定位呢？

首先是形象定位。也就是说，要确定一个企业微博到底要在粉丝心目中树立怎样的形象，是专家的形象，还是行业领袖、企业管理者、企业营销者的形象？

其次是功能和目的的定位。到底是用来卖产品和服务的，还是做企业售后的？是建立行业领袖形象的，还是建立企业领袖形象的？

最后是目标人群的定位。你的微博是为了谁而写的？他们有什么需求？你能够帮助他们解决什么样的问题？

通过以上的定位，你就能够知道自己的微博应该如何进行内容设计了。在做内容建设时，特别要注意以下几点：

1. 趣味性。

趣味性就是你的微博内容要有创新，营销人员需要花足够的时间巧妙地构思微博营销创意，不庸俗但又足够吸引眼球，有幽默感又能正中大家下怀。要注意的是，这不是跟风和耍贫嘴，更不是转几个笑话就可以的。防止发布带有很强宣传性质的硬广告，这类微博内容不但得不到关注，甚至还会引起反感。

2. 实用性。

你要了解你的目标群体的需要，然后给他们提供帮助，让他们获得他们想要的东西。你要使目标群体能够从你的微博内容中获取某种形式的利益和各种满足。比如一些专门爆料明星内幕的微博，就是因为他们能够提供粉丝们想知道的内幕，让粉丝能了解到他们的偶像们的八卦消息，这就切中了目标群体的需求，目的明确，这类微博一般都会很快火起来。

3. 独特性。

独特性也可以说是微博的个性，这是一个比较难把握的原则。独特性可以根据企业文化来进行斟酌。比如你的企业是卖玩具的，势必要调皮好玩一点。如果是卖化妆品的，就要女性化一点、柔美一点。当然，也可以有其他的选择。总之，就是一定不能和别的微博一样。整体风格个性要鲜明，能够让粉丝很快识别你。这样才能够更容易清晰地向粉丝展示你的企业品牌文化和灌输品牌价值。

4. 原创性。

所谓原创性就是要有属于自己的新鲜内容，是大家都没看过的。如果你的微博内容在其他地方都看得到，那别人为什么一定要在你这里看呢？微博现在也不鼓励大量发布非原创、质量不高的内容，他们更希望通过展现更多高质量的原创内容，鼓励用户发挥更多创造力，从而提高微博的影响力。

5. 观赏性。

观赏性主要体现在微博配图上。有时不需要太多的语言，一张图片就胜过了千言万语。图片的观赏性不代表你需要用带有血腥、暴力、情色、有宗教和政治问题的图片，它们是很有冲击力，但是并不合适。你的图片最重要的是能够和文字主题保持一致，能让粉丝通过图片更直接地理解你的文字想要表达的意思，这就足够了。

6. 互动性。

经常和粉丝交流沟通能够建立长久的用户黏性。通过各种有奖励的活动，鼓励粉丝回复，利用粉丝原创来推动内容生产是很好的增强互动的方法。比如韩寒的这条微博（见图 2.14），就是以加关注的方式鼓励大家回复，点燃了大家互动的热情，甚至形成了神评论的新闻话题点。

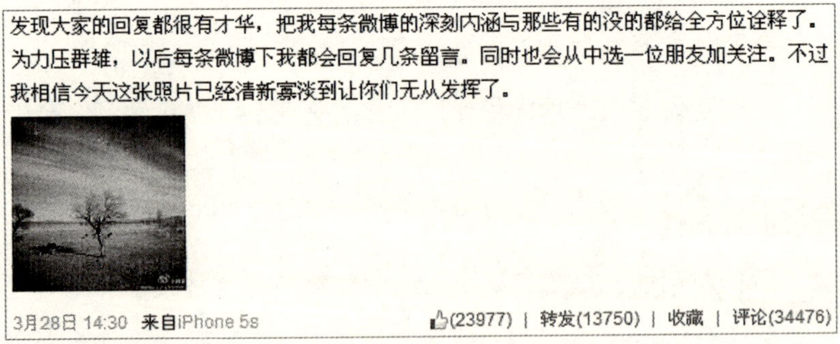

图 2.14 加关注活动

此外，内容建设中还需要注意文字表达的严谨性、错别字的检查、图片和文字的搭配是否切合等。同时多使用一些受欢迎的拟表情标点符号和各类表情图标，也可以给信息接收者一种亲切感，使企业更加具有亲和力。此外，在筛选内容的过程中，一定要尽量避免有政治或者宗教倾向的内容。

最好的营销导师就是消费者。当然，我们还应该多借鉴同行业受欢迎的微博，从写作格式、写作风格、内容选取到发布时间规律，仔细研究它们受欢迎的原因，从而改进自己的微博，提升人气。

微博，病毒营销的最佳载体

病毒营销这个概念是由美国IT业界传奇式人物、奥莱利媒体公司总裁兼CEO蒂姆·奥莱利首次提出的。它是指信息通过互联网，在人与人之间主动传播，像病毒一样迅速扩散，从而实现高效网络营销的一种营销方式。

病毒营销是种神奇的营销方法。好多情况下，顾客（受众）是自动自发地传播扩散含有企业或其品牌、产品（服务）关键词的信息。相比其他营销、广告推广的手段而言，病毒营销所需花费的成本接近于零，而效果却要好得多。企业借助病毒营销不仅能促进大量的一次销售，而且还能“俘获”为数众多的忠实顾客，也就是如今网友们常说的“脑残粉”，为多次、持续营销奠定好的基础。

为什么要用微博进行病毒营销，使用微博做病毒营销有什么优势呢？

1. 成本低。

与传统广告投放费用相比，利用微博传播信息的成本非常低廉。企业更新微博不会收取任何费用，而粉丝们注册账号、关注微博、转发微博等一系列病毒营销行为也不需要任何费用。

2. 易传播。

粉丝可以很方便地通过转发微博实现病毒式传播。由于病毒式营销是自发的、扩张性的信息推广，并非线性的传播，它能让网友不自觉成为宣传者，因此病毒营销的信息传播速度也是几何倍增长的。

3. 内容精简。

传播方式非常简单，没有技术门槛，一条微博只需要简单的构思就可以完成一条信息的发布。这点要比博客等其他媒介方便得多。

4. 形式多样。

除了文字以外，微博还能够借助图片、视频、录音等展现形式进行信息传播，从而使病毒接收者更形象直接地接受信息。

5. 互动性强。

微博能与粉丝即时沟通，及时获得用户反馈。病毒式营销的病毒源更新速度非常快。

6. 信任度高。

由于微博里的粉丝往往是同类群体，相互间比较熟悉，信任感更强。因此，这种病毒信息在微博上传播不容易让接收者产生抗拒心理，更容易被接受。就因为有趣，能够获得认同感，所以“病毒”才会被传播。而传播一般是在相对熟悉的人之间进行的，信任感也能够让信息的接收更加顺畅。

微博的以上特点能够将病毒营销的效果发挥得淋漓尽致，是手机短信、社交网站、博客和QQ等四大产品优点的集大成者。因此，微博已经成为病毒式营销的天堂。微博天生的基于人性的传播、好奇、围观等特点将病毒式营销带入了一个高速发展的新时代。

那么，怎样利用微博来做病毒营销呢？

病毒营销最首要的就是要发挥想象力，创造一个有吸引力、传播力的“病毒源”。究竟要如何设计“病毒”，才能让病毒营销无往不利，发挥最大的功效呢？

首先，在制造“病毒源”的过程中，你需要考虑为大众提供一个乐于倾听的理由，创造一个倾听的环境和机制，然后才能让人们去传播。

其次，这个“病毒源”必须要有价值，能在一定程度上帮到用户，或解决某种问题和需求。比如很多粉丝都想了解他们喜欢的明星的一些内幕消息和个人隐私。所以，很多电影在上映之前就经常采用曝光明星拍电影时的花絮的方法来宣传影片，这样不仅满足了粉丝们的好奇心，吊起他们的胃口，而且形成了谈资，提前为电影上映造势。在这方面，郭敬明的电影《小时代》就做得不错，他的这部电影在上映前就在微博里散发出了足够的“病毒”，二十几个预告片和花絮逐一放出，形成大量转发和话题，如图 2.15 所示。

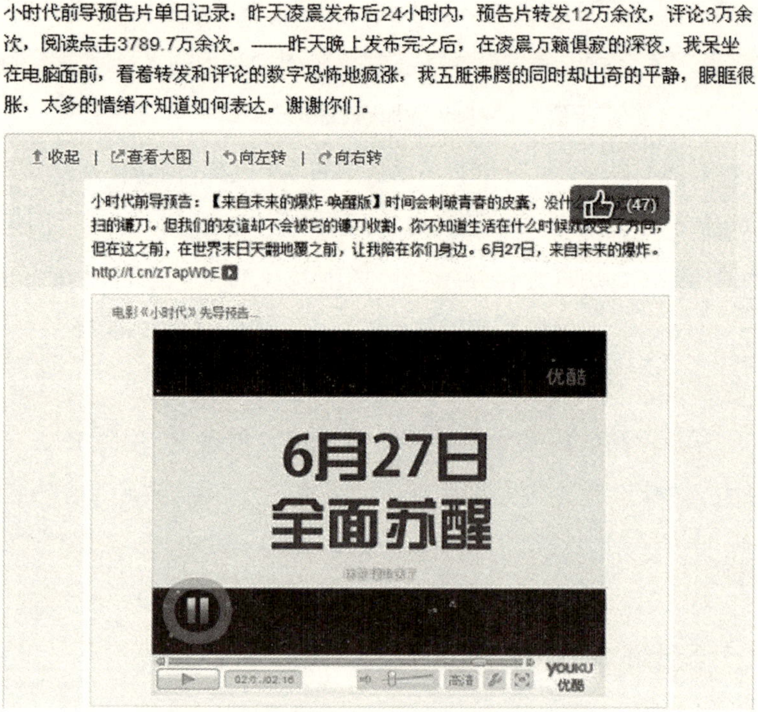

图 2.15　百度搜索风云榜

有人说，互联网是娱乐经济，是注意力经济。那么，什么样的事件最吸引注意力，我们又该如何利用呢？最直接的办法就是了解目前网络中最热门的事件和人物，然后将其与所要推广的产品信息巧妙地相结合，如此将会产生一个很好的“病毒源”，营销的反映效果也将会非常迅速。通常情况下，我们可以通过百度搜索风云榜（网址 http://top.baidu.com ），很方便地了解到当前网络中最热门的事件是什么，如图 2.16 所示。

图 2.16　百度搜索风云榜

最后，你还需要简化“病毒源”的信息，让用户通过复制粘贴、下载、转发等简单操作就可以将其传播出去。你要充分考虑到目标群体使用互联网的习惯和他们的传播成本。传播成本越低，获得病毒传播的机会就越大。同时，你还需要让他们在传播中获得乐趣，否则用户也不会去传播。比如很多微博的病毒营销就很简单，准备好足够有吸引力的礼品，然后告知粉丝们转发微博即可赠送。事实上，只要礼品足够诱人，最终的营销效果一般都会很不错。

互联网中还有一个强大的定律：“凡是免费的有价值的东西都能够引起人们的极大兴趣。”因此，只要是你能提供可以为用户获取信息、使用网络服务、娱乐等带来方便的工具和内容，包括：免费的电子书、免费的软件、免费的产品、免费的网络服务、免费的贺卡、免费的游戏……然后在微博里发布，那么粉丝们就会替你疯狂转发，产生巨大的传播效应。

在具体的操作过程中，我们可以运用很多网络营销的方式来进行“病毒源”的传播，把它发散出去。目前流行的微博平台是天生最适合“病毒”传播的乐园，当然其他包括博客、SNS（社会性网络服务）社交网站、论坛、QQ等，也都可以成为“病毒源”的载体进行传播。而要注意的是，寻找容易感染“病毒”的目标客户群体重点进行传播也是很重要的。

如何使用微博进行口碑营销

口碑营销是指企业在品牌建立过程中，通过客户间的相互交流将自己的产品信息或者品牌传播开来的一种营销方式。事实上，凡是以口碑传播为途径进行营销的，都可以叫作口碑营销。口碑营销目前已经广泛地被商家使用，它在满足消费者需求、赢得消费者满意和消费者忠诚、获得正向口碑、与消费者建立起良好的关系以及提高企业和品牌形象等各方面都有着明显的效果。

口碑营销其实就是企业在了解市场需求的情况下，为消费者提供他们需要的产品和服务，同时制订符合其特点的口碑推广计划，让消费者主动传播公司产品和服务的良好评价，从而让人们通过与第三方的信息传递，了解产品、树立品牌、加强市场认知度，最终达到提升产品销量和服务价值的目的。微博口碑营销则是口碑营销与微博的有机结合。

事实上，口碑营销和病毒营销有一些类似，它们传播的方法差不多，但目的却不太一样。病毒营销在于打造知名度，而口碑营销则在于打造美誉度；病毒营销是以内容的传播价值作为核心动力，而口碑营销则以内容的评价价值作为核心动力。对于病毒营销来说，仅仅在网络上播放一个和企业有关的有趣视频，即可获得自己应达到的效果。

微博口碑营销的一个显著特点就是网络意见领袖异军突起，它已经越来越深刻地影响着网民们的购买决定。在微博平台里，不到10%的网民发布超过80%的原创帖，并吸引着超过90%的点击率。这些网民已经成为名副其实的网络意见领袖。

微博平台是口碑营销绝佳的推广渠道。由于这里很多都是认识的亲友、同事、同学等关系较为亲近或密切的群体，因此，其在关系连接性上要远远高于普通的论坛和博客。所以在传播之前，他们之间已经建立了一种相对信任的关系。而且由于口碑传播的主体是中立的，几乎不存在利益关系，因此，微博口碑营销相对于其他网络形式来说，可信度更高，效果更好。这恰好切中了口碑营销熟人之间口口相传的营销本质。

微博口碑营销的另外一个很大的优势就是宣传费用比较低。口碑营销的成败主要在于前期的策划和中后期的执行。具体的实施成本相对于面对大众人群的其他广告形式要低得多，而且往往也能事半功倍，达到一传十、十传百的效果。

微博口碑营销在客户回流率的提高上作用是巨大的。随着满意的顾客的增多会出现更多的免费信息传播者、意见领袖，源源不断地为企业带来大量连锁客户，从而使企业赢得良好的口碑，树立消费者的品牌忠诚度，那么长远的利益就能够轻松得到保证。

微博口碑营销还具有很强的针对性。正所谓物以类聚，人以群分。不同的消费群体之间有着不同的话题与关注焦点，因此各个消费群体构成了一个个攻之不破的小阵营，他们有着相近的消费趋向，相似的品牌偏好。只要影响了其中的一个人或者多个人，那么在这个便捷的微博网络平台，口碑将会以几何级数的增长速度在目标潜在客户群体中传播开来。

微博还有一个特点，就是可以进行分享，即一旦用户获得了对自己有用的品牌信息，就可以很方便地向自己的用户关系网中迅速散布。

口碑的形成是企业品牌和产品不断发展壮大的一个过程，也是一家企业逐渐强大的见证。因此，做好口碑营销是一家好的企业运营微博应该长期坚持使用的一种营销方式。

做微博营销其实就是做口碑营销，微博营销不是利用微博直接做生意，而是跟消费者建立情感的互动。口碑营销最常用的手法就是“炒作”，你需要知道你所针对用户的兴趣所在，从而决定到底是通过娱乐方式还是事件的方式去炒作——创造“互动”的条件，让你的目标用户跟你交流起来。你需要制造各种话题，让大家知道你的企业和网站的存在，并且能够提供适合目标群体的优质服务。所以，企业需要策划一些有意义的活动，让自己微博的粉丝们参与进来，并且分享传播出去。一般微博营销活动有以下几种形式：

1. 吸引新粉丝的活动。

常用的形式有有奖转发、砸金蛋、大转盘等。

2. 参与性非常强的活动。

比如一些征集类型的活动，尤其是利用节假日来做文章的。韩国乐天百货店的官方微博做的七夕节征集“一句话表达爱”的活动就属于这一类，如图 2.17 所示。

图 2.17　征集活动

3. 带动企业网站流量的活动。

比如微博好友特权秒杀、抢购、节假日折扣等。

4. 回馈老客户的活动。

一般有定期竞猜类活动、定期抽奖活动、免费试用活动，这些活动都是带有奖励性质的，而且参加起来很简单，这样容易点燃粉丝们的热情，如图 2.18 所示。

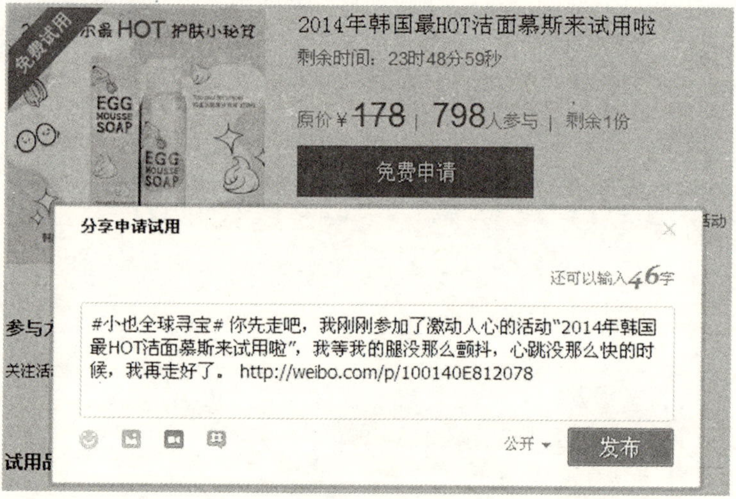

图 2.18　分享试用

5. 各类话题活动。

这类活动可以与社会新闻热点相关，也可以与行业内容相关，最好是能够和自己企业相关又能够引起议论的。比如长帝电烤箱官方微博发起的关于京东烘焙节嘉年华的抽奖活动，转发即可抽奖，奖品是最能引起话题和行动的动力的，如图 2.19 所示。

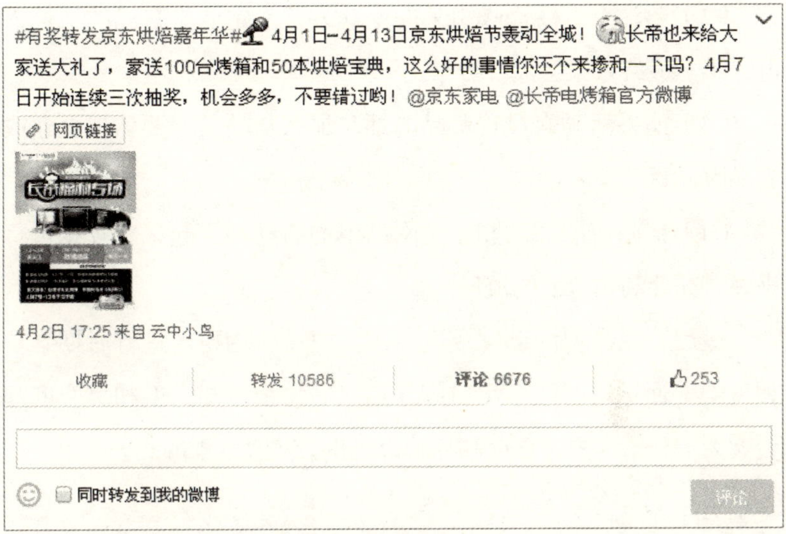

图 2.19　话题活动

6. 企业线下的各种活动或者赞助。

最早在新浪微博“安家”的凡客诚品就做得很不错。比如凡客诚品曾经征集了很多客户一起去云南跟着民谣歌手做公益活动。由于当时云南干旱情况非常严重，社会舆论也非常关注。正好北京有一些民谣歌手要做公益活动，于是凡客诚品就赞助了那次活动，并通过微博把事件放大。最终，这个微博活动让凡客诚品的品牌价值大大提升了。

当然，利用微博做口碑营销活动不仅仅限于以上这几个类型。只要你设计的活动能够照顾到以下几点即可考虑：

（1）活动要易于传播，增加活动的可参与性，最好是能够结合时下热点事件和话题等。

（2）要注意，活动吸引来的受众人群一定要是自己的目标人群，不然最终效果会大打折扣。

（3）如果活动有设置奖品的话，那么奖品最好要体现企业或者品牌元素。

（4）把微博的活动和企业网站中的活动结合起来，互相进行串联，充分利用双方的流量。

最后，在微博活动完成后，还需要对新增粉丝进行后期维护和巩固。通过进行了多次口碑营销之后，企业知名度和美誉度都会大大上升，客户忠诚度和品牌价值也会随之水涨船高。

做微博营销最易犯的 8 种错误

对于微博不是很熟悉的微电商们在做微博营销时经常会犯一些错误，这里我列出了最易犯也最应该避免的 8 种错误，希望微电商们在做微博营销的时候能及时调整方向，少走弯路。

1. 设置上的错误。

一般微电商们在做微博营销的时候，最容易忽视的就是微博的基本设置。其实这是最基础的，但也是最关键的。比如微博的页面设计与企业形象不符，对于企业的标识、企业的各种信息展示不明确，对于微博的标签设置不恰当等。

2. 关注上的错误。

现在在微博平台，很多企业微博都在和与自己无关的群体交流，这也是他们每次发的微博没有多少人响应的真实原因。很多企业微博只关注明星、各行业领袖、网络红人之类的粉丝非常多的人的微博。事实上，这些人粉丝确实是多，但和你的企业是毫无关系的。企业微博不是个人账号，不能仅凭自己的喜好一味赶时髦，需要关注的其实是：行业内的大号、经销商的账号、铁杆粉丝的账号、相关业务公司的账号等。当所有资源都集中到自己的账号中的时候，很容易形成一个中心和焦点的效应。资源整合能力也是造就行业领袖的必备条件之一。

3. 内容上的错误。

在设计微博内容的时候，也需要注意：不要光写字不配图，或者说一大段的文字，配一张与内容丝毫无关的图片。合适的配图对于一个成功的微博来说能够起到画龙点睛的作用。比如，如果你想要发一段篇幅很长的文章，那么应该做成图文并茂的长微博的形式，图片上带自己企业的Logo，以免被别人盗版。同时，生动的图片也能够营造亲切感，让人产生好奇，并且进一步喜欢上你。在配图上，还应该考虑到图片不能太大，如果图片太大，打开太慢的话，对于微博用户而言就是不好的体验。

4. 话题上的错误。

在设计微博的具体内容的时候，也要注意不要犯错。比如很多企业的微博只发产品和业务相关的微博，这也是不可取的。因为毕竟很多企业本身就没法像小米那样形成一个大的话题中心，因此，仅仅依靠与产品和业务相关的内容是很难让粉丝对你产生感情的，而且也缺乏人性化的特点。因此，最好能在业务之外提供与企业服务和产品相关的内容，甚至与业务无关的娱乐热点、公益慈善之类的话题内容。善于利用热门话题关键词写微博可增加微博在站内被搜索到的机会。当然这也要注意适量，否则容易喧宾夺主，起到反效果。当然，另外一个极端是积极参与一些热门的、有争议的话题讨论，但忽略了与企业产品和服务的相关结合。

5. 互动上的错误。

微博虽然是内容为王，但如果要效果最大化，还需要主动与用户互动。互动不是打个招呼就完事了，除了要认真回复粉丝们的提问和要求，还可以主动转发那些质量高的粉丝回复，也可以转发或@潜在用户的微博，以提高自己的微博曝光率，获得更多互动回复。切记：不能由于一时冲动而采用粗暴语言对待不同意见者。

6. 有奖活动上的错误。

微博中的有奖活动是经常会有的，很多企业为了吸引粉丝转发，在设置奖品的时候会选那些价格高的、用户覆盖面大的奖品，以为这样就能够获得最好的效果。实际上，在设置奖品的时候，应该尽可能使用价值低但数量多的方式，来吸引最大量的粉丝参与。同时奖品应该要尽可能使用自己企业经营的产品或者是相关周边产品。也就是说，粉丝看到这些奖品能够想到你的企业或者产品，这样才能吸引更多粉丝参与，同时也起到宣传效果。

7. 评论转发上的错误。

这个错误大多数企业都会犯，就是看到自己发的微博的评论数或转发数非常大，就觉得这次营销的效果不错，这其实是很片面的。首先是虚假转发。大量水军的转发对最终的营销效果的贡献是很小的，而且有违商业道德，应予以杜绝。还有就是质量问题，也就是说，如果评论和转发里都是两三个字，比如“顶、支持、同意”之类的无效评论，那也会影响最终的效果。包括转发微博的账号粉丝数量，是否是带V的，是否是业内人士的，都会有影响。所以，不能片面地根据转发和评论数，以此直接得出效果好坏的结论。

8.认识上的错误。

微博营销最大的错误应该是认识上的错误。微博所有的功能都是为了传播服务的，没有传播就没有微博营销。因此，你在运营微博的时候，不要只想着宣传自己的产品，而是要尽量让你的微博具有传播力，让更多的人知道你、喜欢你，甚至爱上你。

微博营销是一个系统工程，上述常见的8种错误需要引起足够的重视与思考。尽量避免在错误的时间和地点，以错误方式进行微博营销。微博是个好工具，关键看你如何去用，方法对了，效果自然就来了。

企业微博营销经典成功案例揭秘

作为最早一批的新浪微博测试用户之一，凡客诚品多年来培育出来的成熟的电子商务实战技巧和巨大的网站流量让他们的微博营销具有别的企业无法比拟的优势。在此，以凡客诚品作为微博营销的经典成功案例一起来学习。

首先，凡客诚品把自己的官方网站和微博紧密联系了起来。这样很好地弥补了凡客诚品官方网站无法互动、冷冰冰的缺点。而“接地气”的微博让凡客诚品的顾客，尤其是那些铁杆粉丝有了归属感，更能够提高他们的品牌意识和品牌忠诚度。而且不仅微博，包括手机商城APP和微信的扫码链接也能在凡客诚品的官网找到，如图 2.20 所示。

图 2.20　网站植入

你不仅可以在凡客诚品的官方微博中看到最新的企业新闻，还能看到凡客诚品自己的服装设计师讲述的产品设计的背后故事，看到入职三月的小员工抒发的感性情怀。对于关注话题中检索到的消费者对于凡客的疑问，凡客诚品的微博团队也会在第一时间予以解答。这样的企业文化宣传也是企业微博必不可少的一环。

微博是一个可供消费者们自由选择和交流信息的平台，如果单一地发布硬性广告进行宣传不仅对于品牌内涵的传播和价值的深化毫无作用，还会影响到消费者的浏览体验，从而造成粉丝流失。而凡客诚品日常微博的内容也是比较大众化的，它更多的还是以个人化的姿态参与到一些时事和社会热点话题的评论中来，与消费者互动，拉近了与消费者的距离，增加了企业的亲和力，达成了更有价值的软性品牌推广。

如何创新发布产品、品牌信息，凡客诚品的经验也可以作为案例以供借鉴。在凡客诚品的微博页面上，你可以很容易地看到这家迅速崛起的企业的微博营销做得如何老练。他们发布的产品广告都很有自己独特的风格，如图 2.21 所示。

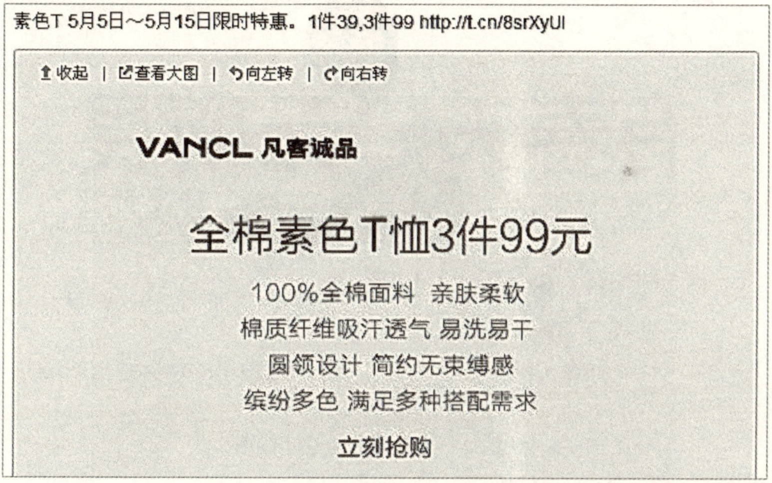

图 2.21　产品广告

凡客诚品还有其他企业无法比拟的明星优势。为传达"平民时尚"的品牌理念，他们找了很多一线明星来代言。比如韩寒、王珞丹这样个性率真的，代表自我奋斗、努力进取形象的明星。他们深受年轻人的喜爱，和凡客诚品的品牌定位非常切合。他们在微博上利用韩寒的电影《后会无期》发起了一个支持电影转发送衬衫的活动，把热门事件、人气明星、凡客诚品自己的产品巧妙地结合起来，轻松实现口碑营销的效果，如图 2.22 所示。

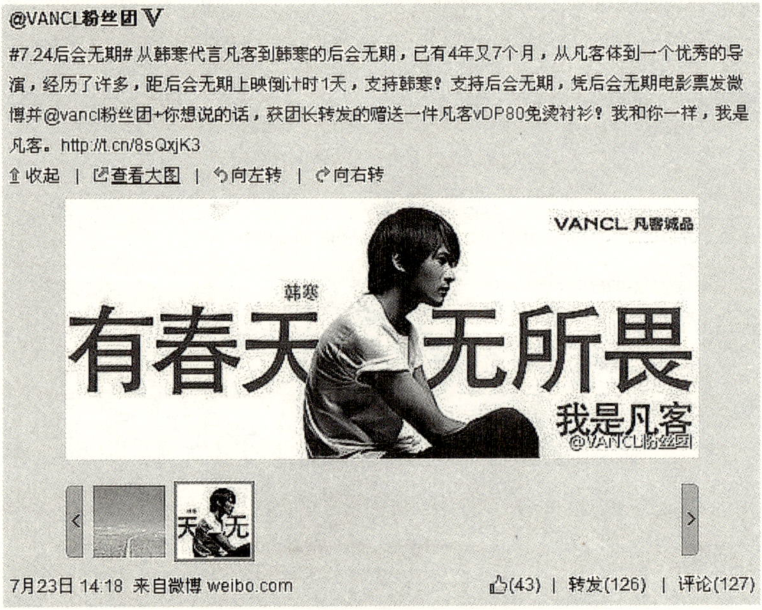

图 2.22　凡客诚品粉丝团微博

凡客诚品最具特色的地方就是推出各种各样的活动：他们通过赞助的方式拉来姚晨和徐静蕾等名人帮忙转发和宣传互动，经常发布各种类似 1 元秒杀的抢购活动吸引粉丝们疯狂转发，发起 140 字微小说活动，等等。他们还会建立微博集群，增强微博活动的互动性。

除了利用明星的影响力之外，他们的活动都非常有创意。比如他们的广告文案，也称"凡客体"，引发网民们争相仿效、疯狂传播，如图 2.23 所示。

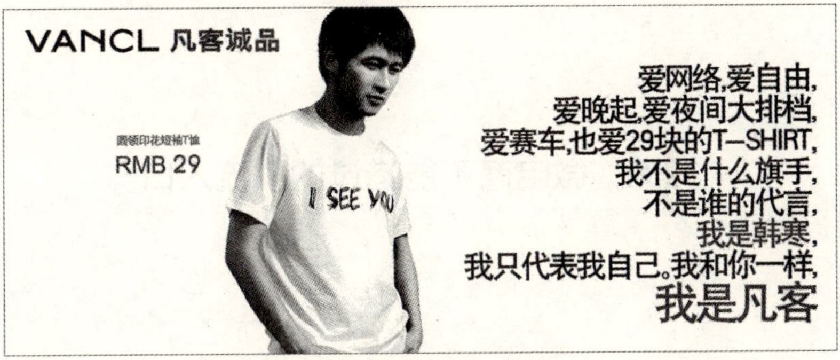

图 2.23　凡客体

凡客诚品的这种代言广告一经推出，网上各类关于"凡客体"的恶搞图片就层出不穷，比如郭德纲等名人的"凡客体"。广告词极尽调侃，令人捧腹。这些凡客体图片在社交网络中引起了疯狂的转载，形成了一股病毒式风潮，带来了极大的社会效应和营销效果。

当时凡客诚品的相关关键词在新浪微博搜索中已经超过 366 万条，成为微博新媒体营销最具代表性的企业之一。虽然微博的营销效果很难评估，但是相应地企业需要投入的成本也很低。只要细心经营，微博对企业形象的构建、品牌内涵的宣扬的意义是不言而喻的。

微淘，微电商不能错过的引流入口

广义的“微淘”，泛指所有移动端所有电商工具，包括手机淘宝、微店等各种移动电商APP。狭义的“微淘”，特指手机淘宝的一项功能或者一个工具。随着工具种类的不断增多，移动端的入口已趋于碎片化。对于电商们而言，把微淘类入口作为流量收集来源已非常必要。

什么是微淘以及如何使用

这里所讲的微淘，是手机淘宝的一个功能模块，是基于移动消费领域的入口，为消费者的生活细分领域提供方便快捷省钱的手机购物服务。

电商的未来在移动端，手机淘宝为此准备了好几年。在日独立访客达到了1亿人的情况下，2013年11月1日上午10点，阿里巴巴旗下无线事业群宣布，手机淘宝内部“闭关”封测长达半年之久的公众账号平台“微淘”全面正式对外公测，任何有兴趣的个人都可以申请进驻该平台。微淘的战略意义从此显现，成为手机淘宝最重要的产品。

买家通过这个平台以订阅消息的方式获得自己关注的商家、店铺、达人等分享的各种最新的商品资讯，并在平台上轻松、便捷地完成支付购买。而卖家可以利用这个平台，获得用户的各方面数据，为自己的经营策略提供指导。同时利用这个平台还可以给用户推送相应的商品信息和促销资讯，更好地服务和维护目标客户。由于申请微淘公众账号的大多是淘宝电商用户，因此微淘在业界又有“商业版微信”之称。有人甚至认为，微淘对于淘宝来说，重要程度可能不亚于微信对于腾讯。

事实上，微淘的核心就是回归以用户为核心的淘宝理念。所以它的出现揭开了阿里巴巴在移动互联网时代“再造淘宝”行动的序幕。手机淘宝将从以前的PC端淘宝的延续，变成全新的真正为卖家经营客户提供服务的工具。它不仅能够更好更快地为客户提供更多有用的商品资讯和知识，还能让每一个用户有自己关注的账号和感兴趣的领域，并且卖家和粉丝之间能够围绕账号产生良性互动，并形成相应的社交圈子。然后在用户的时间趋于碎片化的情况下，通过不同时段的个性化推送，让卖家的产品实现更大的价值。

微淘已经成为移动互联网时代淘宝商家不可忽视的重要流量入口。未来淘宝还将全面打通阿里巴巴在PC端与无线端的通道，给微淘运营者带来更多的流量与机会。卖家可以使用微淘进行客户关系管理、品牌传递、精准互动，进一步提高成交转化率。集中精力经营好微淘，可以为淘宝商家节省大量的营销费用。微淘将成为消费者的私人智能化手机购物助手，它能通过知识、情报、互动，满足消费者形形色色的生活消费导购需求。它给消费者带来了更时尚、快捷、便利、省心、省钱的消费体验。

那么，微淘是如何使用的呢？

首先进入无线运营中心。在浏览器地址栏输入无线运营中心的网址http://wuxian.taobao.com，打开后点击“立即进入”按钮，如图2.24所示。

图2.24　无线运营中心

进入微淘后台后，在首页中你可以看到无线淘宝店铺的运营概况，这里包括每天的访客数、浏览量、成交金额、微淘数据分析等所有手机淘宝商家所关注的信息，如图 2.25 所示。

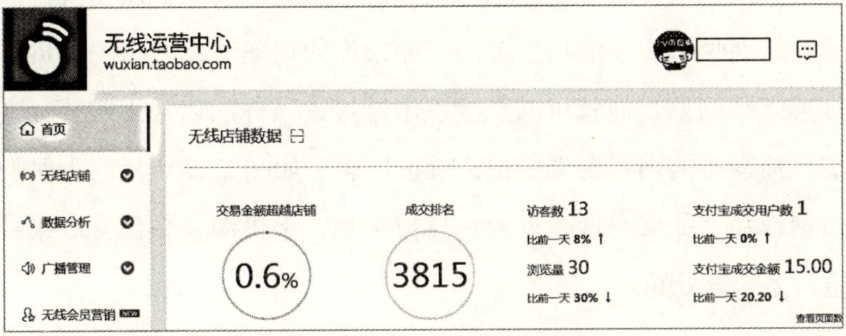

图 2.25　微淘后台首页

你可以进入微淘数据，查看微淘至店铺的流量概况，包括微淘到店铺、微淘到宝贝详情和微淘到广播的流量详情，如图 2.26 所示。

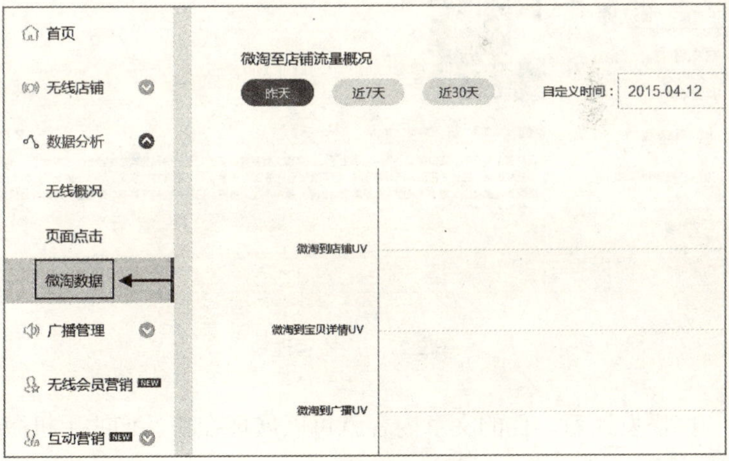

图 2.26　微淘数据

接下来是最值得关注的“广播管理”版块。在这一板块中，你可以发布一些与自己店铺宝贝相关的图文，也可以添加自己店铺宝贝的链接。最好是原创并且好玩有意思的文章，以便获得传播，从而吸引更多的粉丝关注。如果你的粉丝对你发布的宝贝非常感兴趣的话，他就可以直接点击链接进入你的店铺去购买。微淘广播发布的内容提倡原创，禁止抄袭。如图 2.27 所示。为保护原创作品，如果有抄袭行为一旦被举报，手机淘宝平台会对账号进行禁言等处罚。

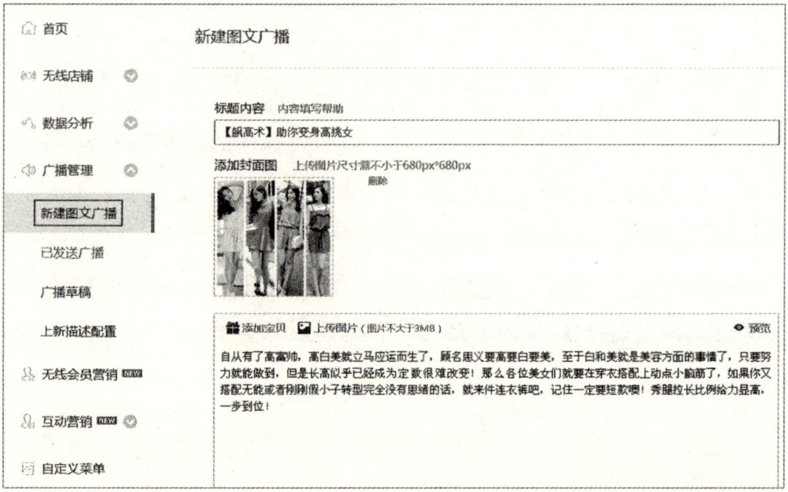

图 2.27 广播管理

广播发送后，你的文章内容就可以展现在粉丝们的手机微淘官方页面中了，如图 2.28 所示。你还可以通过置顶或者取消置顶来控制文章的位置。

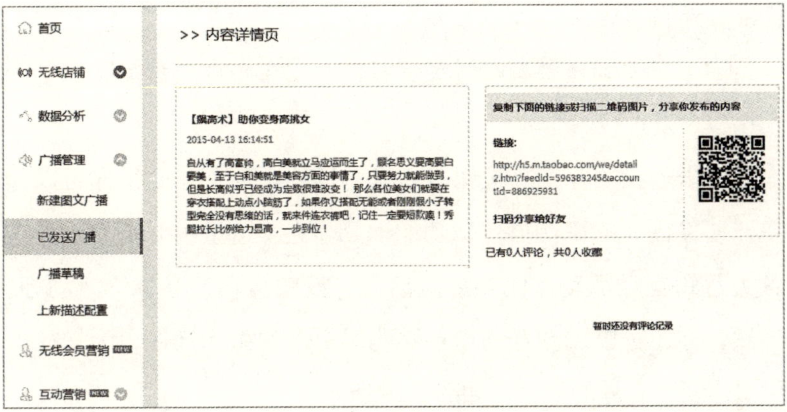

图 2.28 已发送广播

为了保证淘宝用户有很好的浏览和购物体验，淘宝对于微淘的导购内容还制定了很多规则：

（1）导购图片要干净有质感，必须无水印、无Logo，禁止发布带有促销和优惠信息的具有牛皮癣广告性质的图片。

（2）需要认真撰写导购内容，确保内容与图片对应，不能仅仅简单地复制商品标题。不能多张图片使用同一内容描述，描述中不能带有明显的广告字眼和商品链接地址。

（3）导购链接必须精准，不能图片和导购信息不符。不能链接到搜索页、店铺首页等不精准的地址。

（4）导购链接不能链接到减肥保健产品、成人用品等不符合导购平台氛围的商品地址。

（5）不允许多次重复发布已经发过的导购商品图片。

（6）导购图片和链接必须为淘宝或者天猫链接，不允许链接到淘宝站外的网站。

（7）必须确认微淘账号经营者拥有发布图片或者品牌名称的使用权、发布权。

单击“我的互动”按钮进入微淘插件页面，在这里你可以免费开通你需要的微淘插件，功能十分强大。这里主要是用于发布各类营销互动活动，比如抽奖活动、投票活动、专享价活动等。当然，你还可以去“互动市场”购买更多的微淘插件，为粉丝提供更多新奇有趣的活动，如图 2.29 所示。

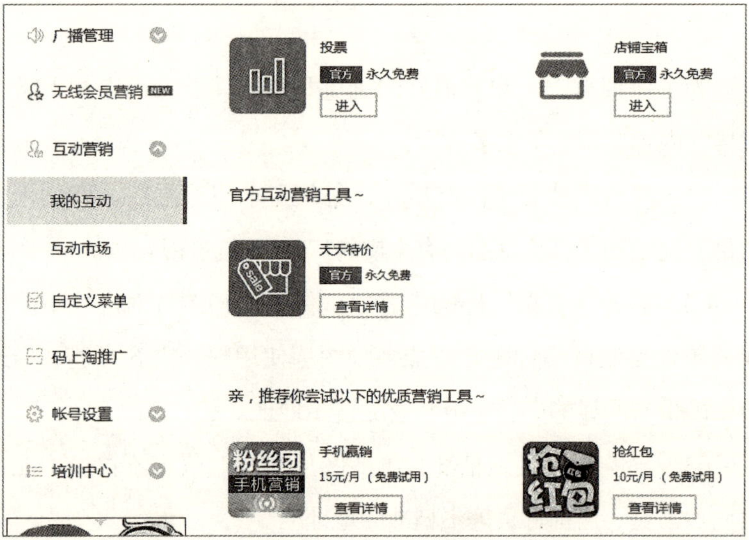

图 2.29　微淘插件

关于微淘的各个模块的简单介绍就到这里。更多玩法还需要我们自己去挖掘。

如何增加微淘粉丝订阅用户

作为一个新的重要的流量入口，微淘对于手机淘宝营销的意义无疑是巨大的。无线端仅仅靠搜索获得流量的时代已经过去了，现在是粉丝经济时代。只要你拥有了大量的优质粉丝，你就不会再为产品销量发愁了。所以，接下来这一节我们就来说说如何快速有效地增加微淘粉丝。

首先你可以在店铺首页、详情页都放上微淘的二维码，这样获得展示的机会就多了，客户加你微淘粉丝的机会也就更大，如图 2.30 所示。

图 2.30　微淘二维码推广

撰写高质量的文章可以获得淘宝推荐，从而获得粉丝关注。很多微淘运营者都很苦恼写文章的问题，其实没有想象的那么难，把文章写得专业一点、图片精美一点、排版好看一点，效果自然就出来了。如果再加上富有创意的命题和有趣味性的标题，那么获得推荐的概率是很高的。同时，只要你的文章写得好、真正对粉丝有用，他们自然会转发分享你的文章到其他平台中去，这样就能够吸引更多的新粉丝进来。

微淘吸粉的最好办法是做各种各样的互动活动。这些互动活动往往是既有趣好玩，又能够让参与者有所收获的。虽然说游戏是重在参与，但是没有奖励的游戏是不够吸引人的。奖品不一定要够贵，但是一定要丰富、够多，因为活动的目的主要在于吸引最大量的粉丝来关注。比如“摇一摇抽奖”活动，不仅有助于圈住潜在客户，而且能够加强已有粉丝对微淘账号的黏性。该活动规则可以不局限于已在店内消费过的老用户，只要参与的任何人被抽中都可获得奖品。具体细则可由商家在活动后台自行设置，如图 2.31 所示。

图 2.31　摇一摇抽奖活动

潜在客户为什么要关注你的微淘呢？他们需要一个理由，而利益是最大的动力。设置微淘粉丝专享价就是一个很好的吸引粉丝的利器。微淘对粉丝的吸引力不仅在于能方便获得商品信息和实用资讯，还在于能享有更多特权和优惠，如图 2.32 所示。

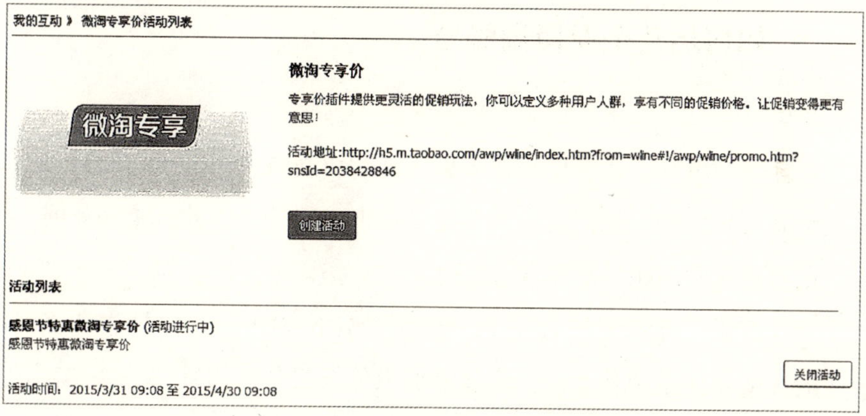

图 2.32　设置微淘粉丝专享价

当然，你也可以去专业的论坛和淘宝帮派等平台进行推广，发一些专业性的有价值的文章，然后在文章末尾处加上自己的微淘二维码图片让目标客户扫码关注。你还可以去各类社交平台进行宣传，比如微博、微信等。也可以去相关的QQ群、旺旺群等地方进行宣传。

还有一个线上推广小技巧，就是利用客服旺旺设置自动回复进行推广。在自动回复内容中通知新老客户们去微淘加粉丝然后领取优惠券，以增加更多的曝光机会。

此外，线下同样可以进行推广。比如，把你的微淘二维码印到杂志、传单、线下门店广告牌等地方，或者把它贴在发货包裹、内容宣传单、退货单等货品包装上，也可以引导大家扫码关注，从而吸引更多新客户。

如何运营企业微淘账号

微淘做好了，不仅能使手机店铺的访问量大大提升，而且对于老客户维护、提高客户购买率都有很大好处。因此，了解如何运营企业微淘账号是非常重要的。

首先，微淘账号需要有一个精准定位。比如，你是卖什么的？或者你是做什么的？你能够提供什么服务？如果你是潜在客户，会被吸引、感动并持续关注吗？明确了这些之后你才能进行下一步操作。

接下来，需要为微淘账号设计一个名字。一个好的名字会决定你的微淘的基本定位和方向。名字不同的微淘账号发送同一条微淘信息，最终取得的效果是不一样的。微淘账号的名字需要包含产品、卖点及服务等信息，让潜在客户看到后一目了然。名字一定要和微淘账号的定位相符。

设置微淘账号的名字有一个小技巧，你可以在名字里加上一些热门的关键词，这样可以获得更多的搜索机会。当潜在客户搜索微淘账号的时候，系统会自动提示一些热门的关键词。由于人一贯的惰性，一般都会下意识地直接点击默认的关键词进行搜索。

所以，只要微淘账号的名字里带有这些关键词，就有可能出现在搜索结果中进而得到更多的展示，如图 2.33 所示。

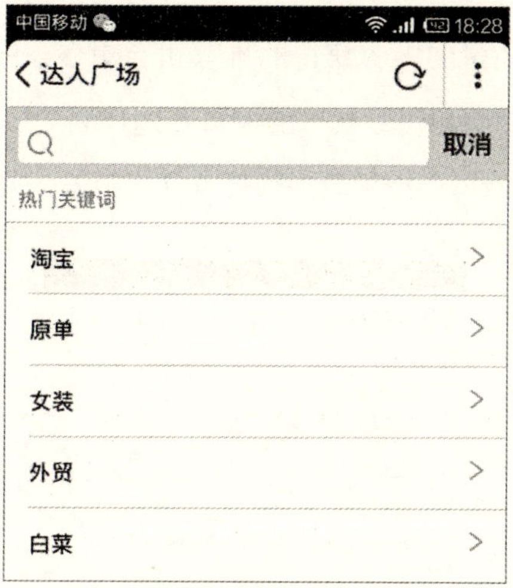

图 2.33　热门关键词

然后就是设置简介和店铺标志。对于简介，要用最简单的语言把你的微淘的核心价值体现出来。要体现出能带给客户的好处，同时还要达到加深客户印象的效果。店铺标志要尽量用视觉感强的图片，可以是你的品牌Logo，也可以是你本人的头像照片。最好不要用大众头像，至少是要有特点容易让人记住的。一定要和别人不一样，而且要能体现你的微淘的价值定位。

接下来，你需要根据自己的定位制作粉丝感兴趣的内容并推送给他们。这些内容不一定要完全原创。你可以去网上寻找一些高质量的内容，然后加入自己的观点进行改编，效果会更好，更有人情味。当然，微淘内容一定要围绕在“淘”字上面。制作各种高质量内容的主要目的就是要吸引粉丝来购买产品，以解决他们的需要或问题，所以微淘内容中淘宝的购买链接必不可少。一般情况下，高质量的内容获得的推荐机会更多。内容做好了，定位精准了，你的微淘账号就可能被官方推荐到“达人淘”“精选达人”“达人帮你找”等流量最多的首页分类中去，如图 2.34 所示。

图 2.34　内容推荐

如果你还不知道如何运营微淘的话，建议多关注竞争对手们的微淘账号。通过对比他们的优缺点，去粗取精，取长补短。这样有助于拓展自己的思维，最终形成自己的运营模式。

假如你是做女鞋类的，那么就可以找女鞋类做得好的微淘账号去模仿学习。比如“dusto旗舰店”的微淘账号，目前已有粉丝85.7万，也是微淘女鞋类大号。做微淘不仅帮他们扩大了推广渠道，而且促进了与粉丝之间的互动，加强了粉丝的黏性。他们最擅长的就是做各类有奖优惠促销活动来聚集人气、提高粉丝活跃度。比如上架新品优惠、七夕特惠大礼包、年货节等，如图2.35、图2.36所示。

图 2.35　dusto旗舰店–1

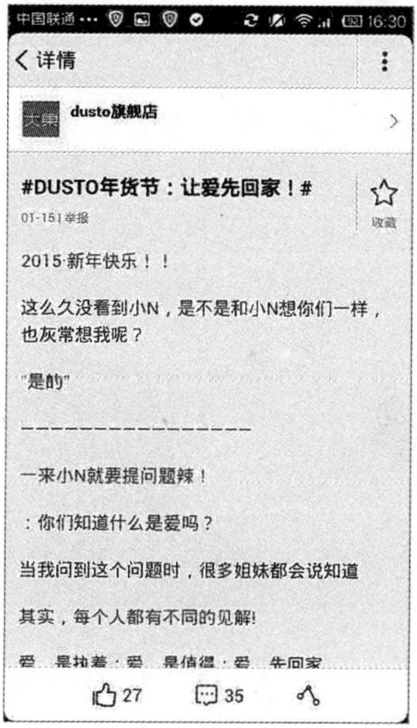

图 2.36　dusto旗舰店–2

微淘内容的发布时间也是有一定规律的，不是任何时间推送都能够获得最好的效果。考虑到移动互联网时代人们的时间逐渐碎片化，更新微淘的时间应该主要选在三个时段：早上起床到上班期间、中午休息时以及晚上吃完晚饭后。一般在这三个时段用户使用手机最频繁，因此在此期间推送的效果要远远好于其他时段。

很多微电商不愿意花心思、花时间去琢磨用户的习惯和喜好，不积极与用户沟通，这是不对的。认真回复评论不仅能够增加你的活跃度，而且还能大大增加粉丝黏性，让他们越来越爱你，离不开你。哪怕只是简简单单的回复，就可以让顾客了解到你对他们的关心和关注，从来带来不错的营销效果。

你还可以将微淘账号加入到一些导航类的网站中，这样可以有效避免百度流量无法进入淘宝的尴尬。直接在百度搜索“微淘导航”，你就可以在搜索结果中找到这类网站。然后点击右上角的“提交微淘账号”即可，如图 2.37 所示。

图 2.37　将微淘账号加入导航栏网站

可以有效利用的资源总是有限的，而且还是不断变化的。因此我们需要运用好能够用上的一切资源，有规划地调整我们的微淘运营策略，让营销效果最大化。

怎样布局微电商的营销体系

了解了“三微”营销工具——微信、微博、微淘之后，微电商们要如何使用它们开展微营销呢？应该怎么布局营销体系呢？

我们先来分析一下这三个工具的特性。首先说说微信，微信是交友平台吗？当然不是。陌陌可以说是交友平台，因为它是陌生人交友，从不认识到认识，这才叫交友平台。微信是什么？我们已经认识了，才会加到微信朋友圈里来，所以它是老朋友的情感交流平台，互动社交平台。

微信的意义在于，老客户都是有关联性的，老客户是需要关怀的，有社交圈子的。它是一个非常有效的帮助老客户建立社交圈子的工具。这个社交圈子建立起来后能干什么呢？就可以做客户关系管理了。微信就是客户关系管理工具，它的营销就是客户关系管理营销，就是社会化营销，它带来的是超高转化率的口碑营销。

相较微博而言，微信里的好友质量更高，粉丝质量也更高。同样的推广帖发在微博和微信的结果差异很大，微信带来的成交量会是微博带来成交量的数倍甚至更多。为什么？这就是老客户营销，它可以直接带来购买力。

接下来再说说微博。微博是一个非常重要的平台。大家都知道闹得满城风雨的某艺人出轨事件，该事件曝光后，大家知道在微博和微信上的反响有什么差异吗？微博比微信早发出了将近4个小时，也就是说，微博曝光4个小时后，微信上才开始曝光。这是为什么呢？因为很多人在看微博的时候，往往是想看有什么八卦新闻，而不是想和朋友聊天。在微博上炒作正面的信息也许很难，而负面的信息往往传播得很快，正所谓“好事不出门，坏事传千里”。

那么，如果想要利用微博来开展营销应该怎么做呢？你可以制造负面消息。当然，这个负面消息是擦边球，不会伤害到你自己。天天在微博里发文章说某产品好是不会获得别人关注和传播的，要让大家恍然大悟：原来某事件的背后是应该使用某产品啊！

最后再说微淘。淘宝的PC端是淘宝网，淘宝的手机移动端就是微淘。移动端是现在零售电商最重要的流量入口之一。淘宝就是赤裸裸的流量转卖和交易中心。电商朋友们一定都有深刻体会，原来流量一般只来自PC端，现在已经在逐渐向移动端倾斜了，移动端的流量占比已经增加到了20%~30%，有的已经达到40%。不夸张地说，一些手机端平台甚至可以达到50%~60%的比例。

据统计，目前淘宝商家的交易额大约有30%来自手机淘宝。所以如果你是淘宝商家，不好好发展微淘，那就是自取灭亡。目前，微淘还在不断地微调，但是不可避免地已经成为一个非常重要的流量入口。

综上所述，由于微信是强关系，我们就以服务为主。而微博是弱关系，我们就以营销和品牌推广为主。我们要利用微淘来吸引直接购买的新客户，然后利用微博做品牌和影响力建设，再利用微信做客户管理和二次营销。把普通粉丝聚集在微博里，铁杆粉丝聚集在微信里。从而形成三条腿相互协作、稳步并行、全面发展的大好局面。

第三章

微电商，就应抢占移动端新兴市场

移动电商APP，电商营销新战场

所谓移动电子商务就是利用手机、平板电脑等无线移动设备进行的B2B、B2C或C2C的电子商务。移动电商APP也是广义的微淘的一部分。随着移动互联网通信技术的长足发展，智能手机的大量涌现、上网门槛和联网费用的降低，已经让移动端超越PC端成为中国网民上网的第一大终端。而手机移动终端的普及使得人们可以在任何时间、任何地点进行各种线上线下的购物与交易。现在移动网络购物的便利性，为众多企业提供了新的销售渠道，大量传统电商已经同时在开发或者经营自己的移动商店。

移动电子商务最大的特点就是用户可以不受时间和空间的限制，能够随时随地获取所需的电商服务。用户在线下一旦看到有自己需要、感兴趣的东西出现，就可以立马通过手机打开线上店铺，将其加入购物车中。并且能够方便地让用户在购买时，掌握消费品的情况、价格状况，做到货比三家。所以，移动电商可以将那些只看橱窗而不购买的人转化为自己的顾客。总体来说，相比传统的互联网购物，用户使用手机购物更加便捷、私密、方便互动。手机购物已经成为时尚的标志，深受城市中高端人群的喜爱。

由于手机、平板电脑等移动设备局限于屏幕的大小，不方便通过浏览器进入购物网站实现购物操作。因此，移动电商们推出了手机移动端购物APP客户端来吸引用户消费。这些APP的界面功能一目了然，能够提供定制化服务，能更好地发挥主动性，为不同用户提供定制化服务；可以尽量将手机更多用户的信息收录好，方便用户实现快速登录；还带有社交功能，口碑作用明显。

移动互联网的迅猛发展改变了人们的生活方式，也改变了人们的购物方式。进入智能手机和3G时代以来，移动购物也更深入地走进更多人的生活。打开手机里的移动应用商店APP Store，购物类应用软件非常丰富，几乎占了所有软件的三分之一。用户只需轻松搜索就能找到淘宝、京东、当当、亚马逊（中国）、1号店等诸多主流电商的移动端购物APP。

移动电商APP对微电商有着非常重要的意义，因为它是移动互联网时代的电商新入口。因此移动电商APP的竞争也在进一步加剧。实体百货、商城、购物平台等，纷纷推出自己的APP软件，加入了移动电商大战的新战场。为了及时推出促销活动抢夺用户，2013年京东在移动客户端、微信、手机QQ共投放10亿元红包；国美在线向用户发放32亿元现金券；当当网手机端推出“首单送10元现金”……各大电商都把移动端作为自己的主战场，将最大返现和优惠都设在了移动端，希望以此吸引更多移动端用户并增加黏性。

经历了促销大战后，各家电商网站纷纷披露销售数据，京东、唯品会等主流电商企业来自移动端的交易量增长十分迅猛。传统PC电商巨头依靠着先发优势，在这一领域初步占据有利的市场地位。从2014年第二季度的手机购物市场份额上看，手机淘宝和天猫移动（无线淘宝）份额达到了84.2%，远远超过了其他移动电商APP的交易量。手机京东的市场份额排名第二，达到5.3%。手机唯品会暂列第三，市场份额为2.0%。苏宁易购和国美在线凭借在“年中大促”中的大力促销，使其在移动端的订单量占比快速提升，市场占有率分列第四、第五位，如图3.1所示。

对于大部分创业者来说，想做大平台是非常难的事情。因此，找准一个细分领域精耕细作是目前移动互联网最后的蓝海，仍有巨大市场发展空间。如凡客诚品卖衣服、好乐买卖鞋、麦包包卖包、优雅100卖家纺、维棉卖袜子、钻石小鸟卖钻石等等。每个垂直细分领域都有产生百亿元公司的机会。

在移动电商APP多如牛毛的时代，微电商们除了打造专属商城APP软件外，还要定时推送一些促销信息、新品信息，以及简单的转发抽奖的互动活动。事实证明，加入各种促销的网上商城、手机应用，更能吸引用户的眼球。不仅如此，相对于传统电商，移动电商APP增加了互动，社交化会更深入。要想在这个新兴的移动互联网中取得成功，就要运营好圈子，做好电商的社交。还有就是要表达好个性，在同样的垂直领域，你的个性是否符合定位的人群至关重要。

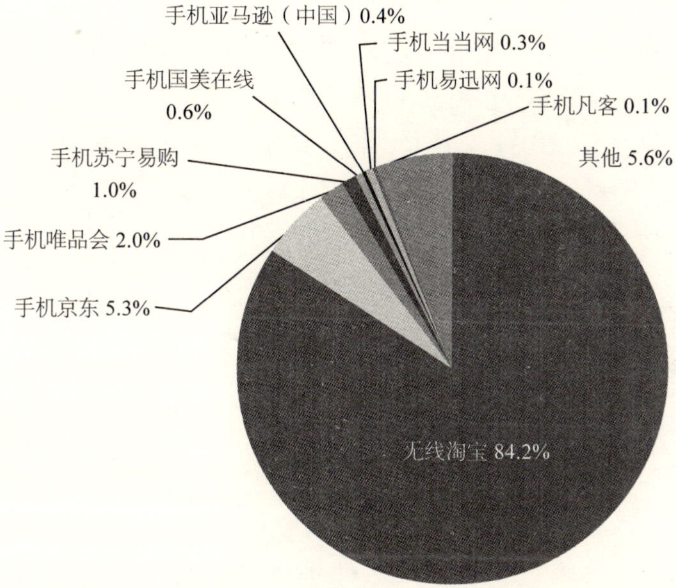

图 3.1　2014 年中国移动购物企业交易规模市场占比

为了提高客户端的打开率，APP 要经常更新。用户手机一般会在 APP 更新后收到百度手机助手等应用分发平台的更新提醒。这样能够增加产品的曝光率，用户安装新版的可能性增大，使用率也就随之增加。

据统计，APP 的下载高峰时段大概在每天 18:00—21:00。这个时间由于用户闲暇时间较为充足，使用手机购物的可能性也较大。所以微电商在做广告推送的时候，选择 18:00—21:00 这一时段是最佳的，这是抢夺用户的黄金时段。

随着4G时代的到来，网速进一步提升，使用手机、平板电脑等移动设备的用户还将进一步增长。未来将是无商不移动电商。

移动电子商务是一场革命，也是一场新的商业浪潮，跟不上这波潮流，就会被“革命”。

京东APP的崛起之路

京东CEO刘强东说，京东未来发展战略的五个最重要的方面是移动和大数据技术、金融、O2O 、渠道下沉以及国际化。显然，刘强东把移动放在了未来发展的首要位置。

2011 年，京东推出了第一款移动客户端APP，经过几年的发展和积累，目前已覆盖了包括Android 、iOS、Win8 等在内的移动终端平台。据统计，2014 年客户端累计激活用户量已突破 1 亿人，第二季度活跃用户数为 3810 万人，同比增长 94%，移动端引入订单量占京东整体的 24%。目前，除手机淘宝以外，京东APP是整个手机端购物市场上市场份额最高的电商APP。其成交额几乎相当于其余移动电商成交额的总和。

2014 年 3 月 10 日，腾讯正式宣布以 2.15 亿美元的代价大手笔入股京东，成为京东的第三大股东。京东获得了在移动互联时代弥足珍贵的微信和手机QQ移动端的一级入口，这将大大扩展了京东的流量入口，帮助京东完成渠道下沉。

对于花了两年时间将微信的移动社交王者地位打牢，但始终无法把社交流量转为电商流量的腾讯来说，此次和京东的结合是成功的。毕竟电商模式并不简单，不是有巨大流量就能解决所有问题。而京东经过多年的积累和沉淀，已基本构建出包括商家管理、信用评价、仓储、物流、支付、供应链管理、流量分配、产品管理、售后服务在内的多重生态体系。只有将巨大流量资源和成熟的购物平台相结合，才能实现销售的爆炸式增长。

京东和淘宝相比，最大的劣势就是商品品类和数量相对太少。而优势也比较明显，京东有快捷可控的物流，有更好的正品口碑，退货率远远低于淘宝。而且，现在还有了巨大的可利用的微信和手机QQ的流量入口资源。

随着与腾讯的合作，京东微信购物入口和手机QQ入口陆续开通，目前京东在移动端已经形成了全新布局。通过跨平台、社交化的合作尝试，提高了京东在移动用户中的参与度和渗透率，今后还将有更大的发展空间。京东在移动电商领域的生态规模已经初步形成。

在2013年的“双十一”期间，京东移动客户端单日引入订单量达到往年的6.4倍，其中，母婴、家居、食品、厨具等品类在移动端的订单量增长明显。为了进一步提高移动用户的参与度、发展潜在客户，京东移动端开发了许多服务，如掌上秒杀、摇啊摇、值得买、精品特惠、全民购物、发现家、品牌街、欢乐购、精彩汇、主题馆、我的京东故事、移动晒单等。在可预见的未来，京东APP将会成为移动端最大入口。

由于移动端和PC端的用户通常在访问时本身已经有了明确的购买意图，所以这类用户转化率较高。因此，京东迫切要解决的问题是微信和QQ入口转化率相对偏低。对此，未来京东在移动电商领域的实际运营中，应该根据用户的需求不断探索新的契合用户需求的运营策略，更好地利用大数据资源，重点发展个性化推送，从而逐渐巩固在移动电商中的市场地位。

刘强东认为，移动电商的发展应该划分为三个阶段。第一阶段是“所需即所得”，即看到需要的商品马上可下单，目前京东已初步实现。未来5年京东将进入“所见即所得”的第二阶段，通过移动屏幕的3D裸眼技术，以虚拟现实的方式使消费者身临其境地体验商品。京东将要在10年后达到“所想即所得”的境界，由技术实现对人的意识的感知，消费者在回家的路上购买的东西，等到家时京东配送已经在等候了。

京东的发展方向非常明确，目标也很远大，我们相信未来京东的移动电商之路一定会步伐更坚实。

手机端，淘宝主要流量入口

移动互联网时代的来临带来了很多变化，比如你身边 50 多岁的大妈也开始玩智能手机了，地铁、公交车上坐着的人都自顾自玩手机，你身边的朋友拿着手机和你分享在网上购买的新奇宝贝……随着移动互联网的逐渐普及、手机功能的日益完善，我们的生活越来越离不开手机，而手机也确实让我们的生活更加便利，这其中就包括用手机购物。

微电商为什么要做手机淘宝

随着手机端购物的便利性逐渐体现，各大电商在移动端的宣传推广力度不断增强，包括各种使用手机端购物更优惠的活动，进一步加速了中国的网购消费者从电脑到手机的全新购物路径转移。

消费者新的购物习惯也日渐形成：想购物的时候不再打开电脑了，而是慵懒地躺在沙发上边看电视边购物；在街上看到喜欢的新奇玩意，会马上掏出手机购买；与朋友见面的时候，在聊天的过程中互相推荐对方购物……

据统计，进入2014年，全国手机淘宝累计用户数已经超过4亿。天猫无线端成交额也首次超过了其PC端的成交额。易观智库发布的《2014年第二季度中国手机购物市场季度监测报告》数据还表明，在2014年的第二季度中，中国手机购物市场交易规模达到了1680.9亿元，同比增长256%，整体市场处于快速发展周期，而从整个手机购物市场的份额看，无线淘宝的份额达到了84.2%，因此，我们要学习如何做微电商，首先就是要研究手机淘宝，未来手机淘宝必将成为人们消费的主要通道之一。

手机淘宝不仅仅是传统PC端淘宝在无线手机端的延续，它还有其独特的使命，那就是真正实现其个性化、社会化电商的战略。它能实现基于人际关系的类似微信的群体消费体系。做好无线淘宝，就是在拓展网络购物中的蓝海，实现更广阔的边际效应。就像马云曾经说过的那样，“无线淘宝的职责就是打败传统PC端淘宝”。

对于普通的传统PC电商来说，他们很快发现自己店铺的流量重点从传统PC端逐渐转到了手机端。手机端已经成为目前淘宝很重要的一个流量入口，哪里有流量，哪里就有成交。任何一个忽视手机淘宝流量的人都会因此在未来后悔。雷军说过这样一句话：“站在台风口，猪也能飞起来。”而现在互联网正在吹着“手机移动购物”这样的台风。抓住了这样的时机就是抓住了未来。手机淘宝无疑带来了新一轮的淘宝红利期。在PC端竞争已经头破血流的时候，手机端给大家带来的是一个全新的起点。不管你之前在PC端做得怎么样，手机淘宝能够给你重新起步的机会。

手机淘宝与PC端淘宝的区别

与传统PC时代的网购不同，用户在使用手机进行网购时呈现出个性化、碎片化、信息推送等移动互联网的典型特征。因此，手机淘宝要如何来适应这样的变化呢？首先我们来看看手机淘宝究竟是什么样的，它和传统PC端淘宝究竟有什么区别。

首先你得安装手机淘宝APP应用，然后安装好打开后，你可以看到是这样一个界面，如图3.2所示，一目了然，这和PC端的淘宝首页完全是不一样的。

由于移动网络速度和手机使用习惯，手机淘宝体现的是简洁的特征，不会像PC端淘宝一样，集成太多的内容。

为了适应移动互联网中的个性化和信息推送的特点，首页会根据个人的具体情况每天展示不同的可能感兴趣的宝贝。所以，每个人的手机淘宝的首页都是不一样的，如图3.3所示。

图 3.2 手机淘宝首页

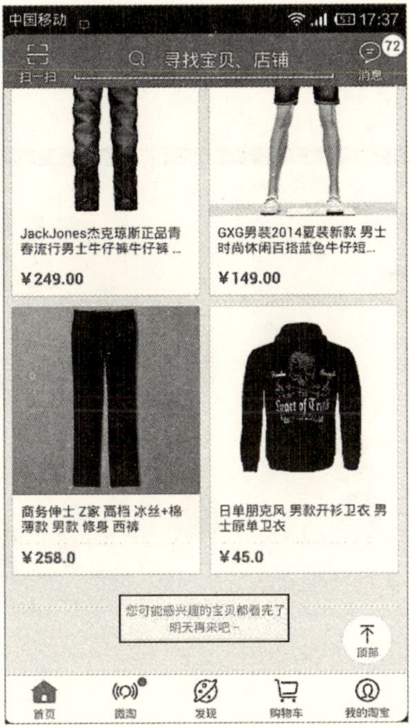

图 3.3 感兴趣宝贝推送

手机淘宝有个功能模块是“微淘”。“微淘”部分有两个版块，一个是“店铺动态”，一个是“达人导购”。店铺动态板块展示的是你收藏的所有店铺的商品更新情况，有助于大大提高客户的购物次数，增加客户黏性，如图 3.4 所示。达人导购板块展示的是你关注的微淘公众号所推送的文章，类似于微信公众平台，可以通过订阅的方式获取自己感兴趣的信息和需要的服务，如图 3.5 所示。

还有一个不同的重要部分是“发现”模块。它体现了手机淘宝更多好玩又实用的功能。手机淘宝不仅仅是个购物平台，还是一个改变你生活，给你提供更多娱乐和便利的平台，如图 3.6 所示。

图 3.4　店铺动态

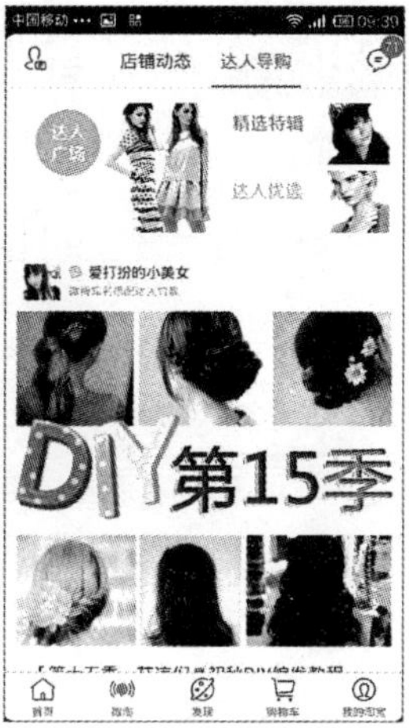

图 3.5　达人导购

图 3.6　“发现”

手机淘宝SEO（搜索引擎优化）8 大秘诀

PC端淘宝和手机淘宝的搜索排序规则是完全不一样的，因此，以前的淘宝SEO的方法不适用，微电商需要掌握新的手机淘宝SEO获取免费流量的方法。搜索同样的关键词，在PC端淘宝的搜索结果默认前 3 位都是天猫店铺，而手机端则不一样。因此，只要运作得当，在排名上普通集市店铺也有优于天猫店的机会。

1. 手机端宝贝详情页。

集市店铺的手机详情页需要专门制作，需要更好地兼容手机浏览习惯。只要设置了手机详情页就能增加搜索权重。在同等情况下，设置了手机详情页的商品搜索结果排名要靠前很多。

2. 淘金币和手机专享价。

充分利用好淘金币和手机专享价。手机专享价不仅可以提高手机端点击率和转化率，还对宝贝搜索权重有很大程度的提升。淘金币抵现设置专属淘宝C店权限，除了能起到促销让利的作用，还能提升手机淘宝排名。一般淘金币的抵现比例越高，搜索权重就越大，但是也会有一个上限。

3. 手机端成交量。

手机端成交量也影响搜索权重。你店铺的手机端成交占比越高，那么你的宝贝和店铺的搜索排名就会越靠前。不论商家是用哪种方式和渠道引流，只要手机淘宝的宝贝成交量高，综合排名就越靠前。这样就造成了马太效应，好的会越来越好，流量会越来越多。这也是为什么很多店铺手机端流量占比超过80%的原因。

4. 手机搜索成交转化率。

通过手机搜索成交也能增加权重。搜索比例越高，权重越大，排名也越靠前。有的店铺是通过PC端扫描二维码获得流量和成交，这样其他的流量来源，对于搜索特定关键词的排名没有增加权重的作用。因此，你需要增加搜索流量，提高搜索成交量。在手机端淘宝，由于打字不方便，手机端下拉框推荐搜索词的点击量和流量远远高于PC端，因此，在标题中多使用推荐搜索词能够有效地提高搜索流量，如图 3.7 所示。

图 3.7　推荐词

5. 手机广告投放量和转化率。

手机广告的投放量也会影响到手机淘宝的搜索排名。你可以借助加大手机直通车、手机钻展等的投放量来影响店铺和宝贝的综合排名。同时，手机广告投放的转化率越高，同类店铺排名也会越靠前。

6. 手机淘宝店铺的流量比。

不论是用何种渠道，店铺获取的流量越多，店铺的综合排名就会越靠前。我们可以使用各种方法推广自己的店铺，以获得更多流量，提高排名。

7. 宝贝折扣。

你的宝贝在同类型中的价格折扣越低，那么搜索排序也会越靠前。当然这建立在你的宝贝在同类型宝贝中的价格不虚高的情况下。也可以这么说，性价比越高的宝贝，搜索排名就会越靠前。

8. 产品上下架时间。

相比于PC端淘宝，手机淘宝的宝贝上下架时间因素对搜索排名的影响就弱化了很多。当你的宝贝销量达到一定程度的时候，下架时间的影响就很小了，你会发现自己的宝贝会一直排在首页。当然，虽然上下架时间因素的影响被弱化了，但是影响还是有的。由于手机淘宝在高峰时间段的竞争巨大，顾客也懒得去翻更多的页面，因此，正常情况下上下架时间应该避开这些淘宝流量的高峰期，不然一旦挤出前三，你的宝贝点击率就会成倍地下降。

当然，目前手机淘宝还在成长发展阶段，搜索排名规则也会时有变动。机会总是留给那些善于思考的人，只有不断适应游戏规则、自我更新的电商才更容易成功。

如何提升手机淘宝转化率

随着手机端流量的比例增加，卖家们已经越来越重视手机淘宝店铺，但是有很多卖家在运营手机淘宝店铺时会发现手机端的流量是有了，转化率却很低。事实上，如果你不能充分利用淘宝给你的资源，淘宝会觉得你的店铺实力不够或者商品竞争力不强，那么淘宝就会转移流量，将你店铺的流量分给其他需要的店铺，继而陷入一个恶性循环，直到最后你的店铺的流量变得少得可怜。接下来就讲一讲几个影响手机淘宝转化率的因素，让你轻松提高手机端的转化率。

1. 标题关键词。

手机端顾客不像PC端顾客那样容易看到足够多的产品信息，很多人仅仅看看标题和图片就直接下单订购了。因此，在你的标题中加入更多的卖点元素以刺激人们购买的冲动就显得比PC端更重要。

2. 主图图片。

在手机端的主图图片应该尽量做到展现更多的产品信息，把产品特点展现得更加细致，还可以适当加上一些促销的文字。毕竟手机端的展示空间有限，因此，只要能够在一个屏幕里讲清楚的事情，绝不要多增加几个屏幕来说明。

3. 宝贝描述。

受流量和网速的限制，一般来说，手机淘宝的整个宝贝描述最多6屏就差不多了。内容太长反而容易让顾客漏掉重要信息。好的宝贝描述除了要有专业的图片以外，还要配以生动、专业的营销文案。专业的营销文案能够通过一些激发顾客想象力的语句让顾客产生美好的联想，能够对产品进行价值包装，从而不断提升它的价值。你需要让顾客知道，和同类型产品相比你的宝贝有什么优势。如果你的产品很便宜，那么要告诉顾客为什么这么便宜。你需要告诉顾客，这个产品能够给他解决什么问题，带来什么好处，让顾客觉得非买不可。如图 3.8 所示。你看了这些文案之后，是不是自己也想买呢？

图 3.8　宝贝描述

4. 促销活动。

事实上，手机淘宝的大部分流量都是做促销活动引来的。所以，做各种促销活动对于手机淘宝来说是非常重要的。活动越多越吸引人气，而且折扣越高，转化率也会越高。比如淘金币和手机专享价等，这些活动每个淘宝商家都可以设置的，但很多人没有利用起来，如图 3.9 所示。

5. 商品评价。

由于手机淘宝默认只显示排名第一的评价，所以这个评价是非常关键的。很多顾客为了节省流量，就参考这个评价。评价不好很可能就放弃了。因此，一旦有不好的第一评价，要赶紧联系顾客进行处理，如图 3.10 所示。

图 3.9　手机专享和淘金币

图 3.10　评价

6. 其他因素。

最后就是做好客户服务。客服的反应时间对于手机淘宝来说也是非常重要的，你的客服反应时间越短，客户咨询购买的可能性就更大。

现在很多店铺的手机淘宝流量都能占到店铺的 60% 左右。认真做好优化，把握好每一个细节，就能够实实在在地提高手机淘宝转化率。

如何让手机淘宝的流量飞起来

对于微电商而言，除了转化率关键以外，流量也是很重要的。没有流量的话，转化率再高也没有用处。因此，多掌握一些引流的方法是做手机淘宝最基本的功课。

1. 增加无线端的成交占比。

不论商家用哪种方式，只要增加手机端的成交占比，那么店铺的综合排名就会靠前。我们甚至可以用最直接的方法，让客服引导顾客去手机端下单，提高手机淘宝的购买比例。

2. 优化宝贝标题关键词。

宝贝标题关键词带来的是自然流量，若能将其充分利用，效果也是非常可观的，而且还不用花钱。因此，标题中必须要有一些搜索热词。在手机淘宝的搜索结果中，每隔大约 22 个宝贝就有一个推荐词提醒，这些词都是非常热门的搜索词，也是顾客经常会点击的词，如图 3.11 所示。

3. 做手机端直通车。

虽然需要收取费用，但是做直通车对于店铺流量的提升无疑是最明显，也是对促进成交最有效的。由于目前手机端还处于不断优化的成长阶段，因此手机端直通车相比于 PC 端直通车的流量成本更便宜，流量价值更高。而且也给了中小卖家一个重新竞争的机会。注意，一定要选用高点击率图片来提高手机端直通车的点击率。手机端直通车的点击率越高，单次点击的价格就会越低。

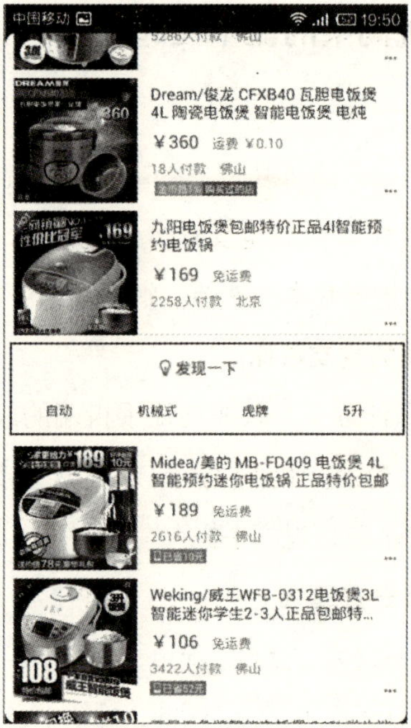

图 3.11　搜索推荐词

4. 报名参加手机端活动。

现在，PC端的流量成本越来越高，竞争越来越大。做活动都是扎堆在报名，很难轮到你。而手机端的活动恰恰是一个蓝海。你可以做各种手机端淘宝活动，如淘金币、淘夜市、淘抢购、手机聚划算、手机天天特价等，这些活动对于流量的引入非常有效。

5. 给所有宝贝都设置好手机专享价。

这样你的宝贝不仅能够获得搜索增加权重，还能够有明显的标签提醒，可以获得更多展示和点击机会。同时，每天上百万UV（独立用户）的筛选流量，也会让顾客更容易找到你的宝贝，如图 3.12 所示。

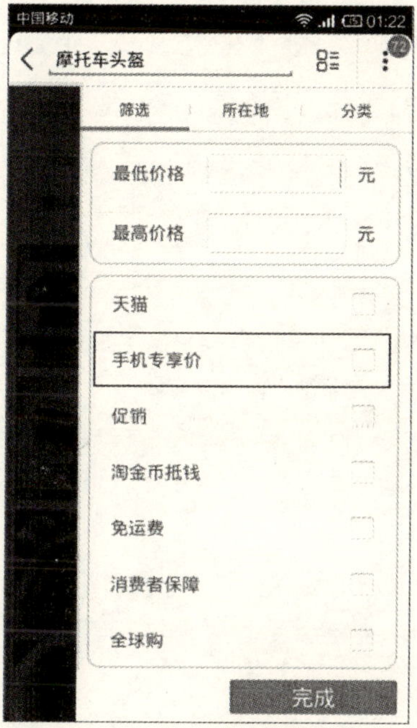

图 3.12　宝贝筛选

6. 使用手机淘宝客。

手机淘宝客，顾名思义就是以手机为工具做淘宝客。目前主流的手机淘宝客推广方式不外乎APP推广，大部分是导购类或者折扣促销、返利类APP。知名的淘宝客APP有：折800、米折网、口袋购物、返利网等。

微店，引领移动电商的未来

随着微信的普及，如何把朋友圈资源变现的商机一直颇受关注。在微店没有出现之前，微信对于微电商来说就是一个营销工具、一个客户管理工具。你需要点击微信的链接，跳转到其他购物平台，才能够实现成交。微信变成了淘宝店铺发布“上新通知”的工具。

但现在淘宝屏蔽了一切来自微信的浏览请求，这大大增加了购物的困难度和交易成本，访客跳失率越来越高，如图 3.13 所示。

微店的及时出现解决了这一系列的问题。它相当于直接在微信里开了一个淘宝店，专门为微信客户服务，从而在微信内形成交易闭环。你可以正大光明地在你的朋友圈、公众号上发布促销信息。

图 3.13　淘宝屏蔽微信浏览请求

什么是微店

微店就是微信店铺，是基于微信的无线手机端商店。有一个很形象的解释就是，微店=微信+淘宝。微店又可以分为第三方平台开发的第三方微店和官方开发的微信小店。这两种微店有什么不同呢？

1. 所属性质不同。

第三方微店是利用第三方平台接口为微信用户提供的一种增值服务，它和微信没有所属关系。2014 年 5 月 29 日微信公众平台正式推出微信小店，它直接由微信公司开发运营，兼容性更好。

2. 门槛不同。

第三方微店可以说是真正零门槛，任何私人账号都可以开通，而且不需要任何费用。但微信小店开通必须满足三个条件：一、必须是企业认证的服务号；二、必须通过微信认证并缴纳300元/次的审核服务费用；三、必须开通微信支付接口并缴纳开通微信支付接口的两万元保证金。

3. 功能不同。

微信小店是基于微信公众平台打造的原生电商模式，目前来说，在实现的功能和模板等各方面都还只是提供比较基础的服务，功能比较单一。而第三方开发的微店能够实现更多高级功能和自定义效果。

4. 权限不同。

微信小店只可用于售卖所选的微信支付经营范围内的商品，而第三方微店没有限制。

5. 营销工具不同。

第三方微店内置多种营销工具和促销方案，而微信小店目前还没有营销工具。

微店的出现主要是为了满足大量商家在微信中销售产品的需求，帮助不具备技术能力的一些小商家完成包括商品管理、定价管理、货架管理等一切事务。它的出现标志着微信电商时代的到来。虽然微信小店还有很多需要完善的地方，但是未来绝对会发展为微信电商的标配。

对于微电商来说，第三方微店和淘宝各有优势，相互补充。

第三方微店：开店流程简单，推广费用低，朋友圈就是天然资源。朋友圈里的关系都是强关系，更容易产生购买。现在淘宝的客户流失率越来越高，忠诚的客户越来越少，要不停地去花钱买流量，否则业绩就会一落千丈。而微信是闭环的，客户关系很牢固，而且客户不会去比价，不会造成价格恶性竞争。微信上的商机刚开始涌现，竞争还不激烈，用户对于微信购物还处于新奇的状态。做生意有时就是先下手为强，你比别人快一步，你就掌握了先机，如图 3.14 所示。

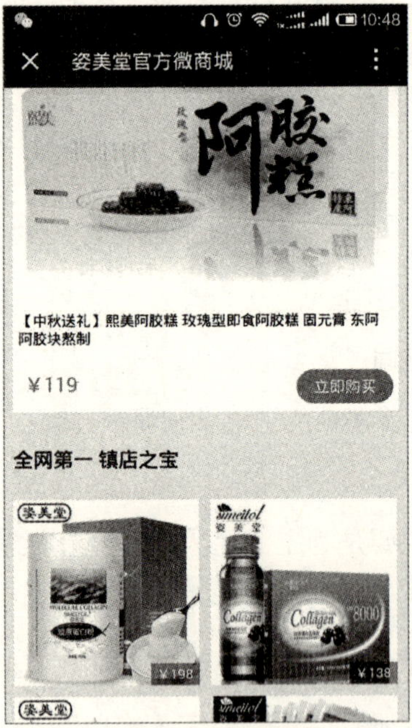

图 3.14　微店购物

淘宝：其品牌知名度和认可度很高，规模也够大，市场已经非常成熟。淘宝自然流量也够多，营销虽然花钱，但是有效。微店需要首批粉丝，见效比较慢，营销方法也还不够成熟。淘宝现在的各种规则、营销方法、管理经验等都已经为大家所熟知，而微店还属于比较新的事物，需要自己去摸索，能够参考的成功经验和方法不多。而且微信首先是个交友的圈子，不是纯购物的地方，因此，消费习惯还需要加强。

综上比较，微店将会是一个淘宝商家卖“爆款”的地方，商品不多，但各个精美。而想要多而全的商品的人们将可以选择去电商APP或者手机淘宝购买。微店和其他电商工具可以形成互补的效果。

怎样5分钟免费开企业微店

在知道了为什么要使用微店以及微店之于微信的意义之后，接下来将介绍，如何免费开通企业微店，迅速将粉丝转化成经济利益。

这里我们借助的是优物库的微店搭建平台，它能够提供店铺、商品、订单、物流、消息和客户的管理模块，同时还提供丰富的营销应用和活动插件，是个功能非常强大的微店管理系统。当然最重要的是它是可以和ERP进行对接的，拥有E店宝ERP的商家，可以更加方便地管理自己的订单。首先打开优物库首页（网址

http://youwuku.cn ），然后单击“免费登录”按钮，如图 3.15 所示。

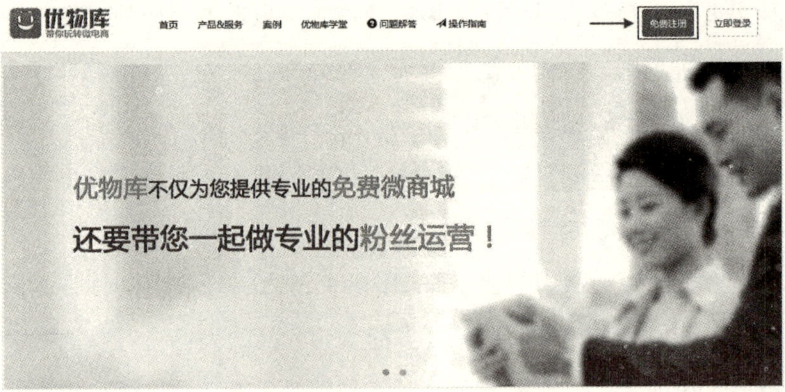

图 3.15　优物库首页

接下来就进入注册页面，按照要求填写邮箱、密码和验证码。完成后，单击“立即注册”按钮，如图 3.16 所示。

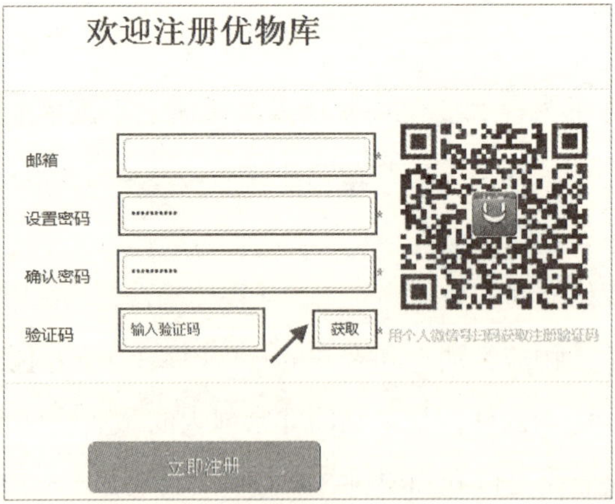

图 3.16　优物库注册页面

验证码需要手机微信客户端扫描二维码，关注优物库微信号，获得注册验证码，如图 3.17 所示。

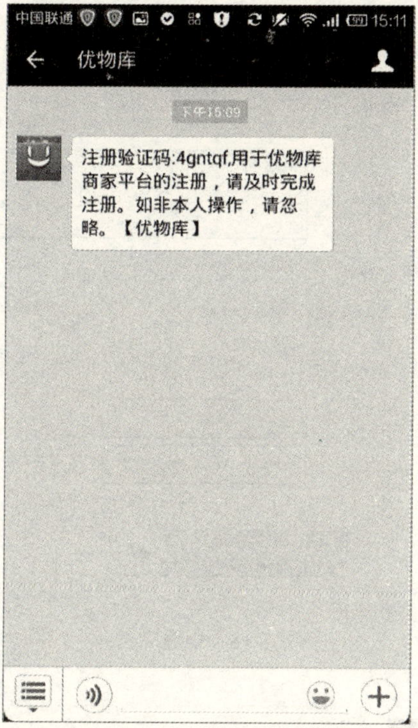

图 3.17　获得验证码

随后在打开的注册信息页面中，进行信息完善，填写企业或个人相应注册信息，完成后单击“保存信息”按钮，如图 3.18 所示。

这样就成功注册了优物库账号，可以进入优物库的后台页面了。接下来设置微信店铺，单击“立即设置”，如图 3.19 所示。

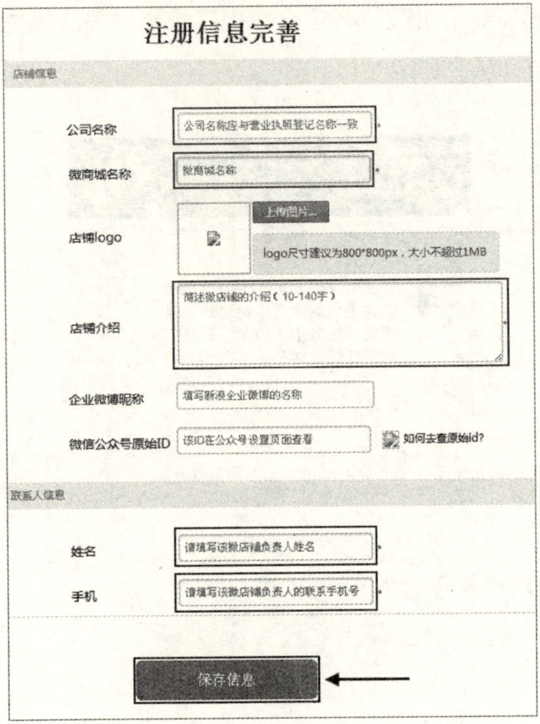

图 3.18　信息完善

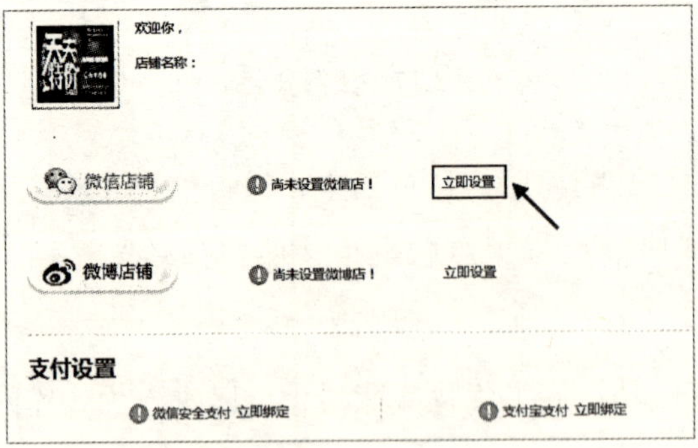

图 3.19　设置微信店铺

在设置微信店铺页面中，你需要输入你的微信公众号的原始ID，完成后单击“提交”按钮，如图 3.20 所示。

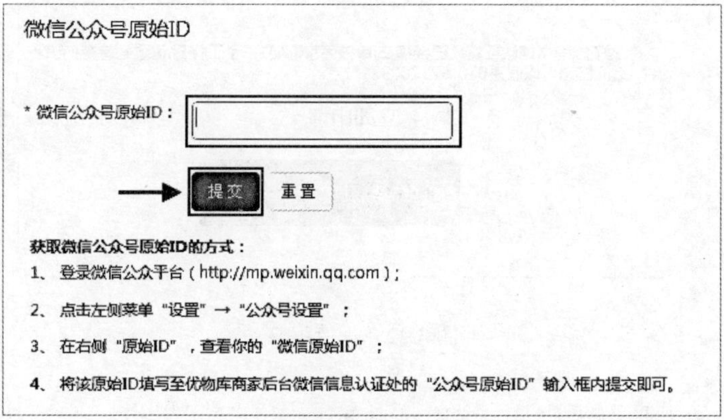

图 3.20　认证信息提交

图 3.20　认证信息提交微信公众号的原始ID可以在你的公众账号后台的“公众号设置”里找到，如图 3.21 所示。

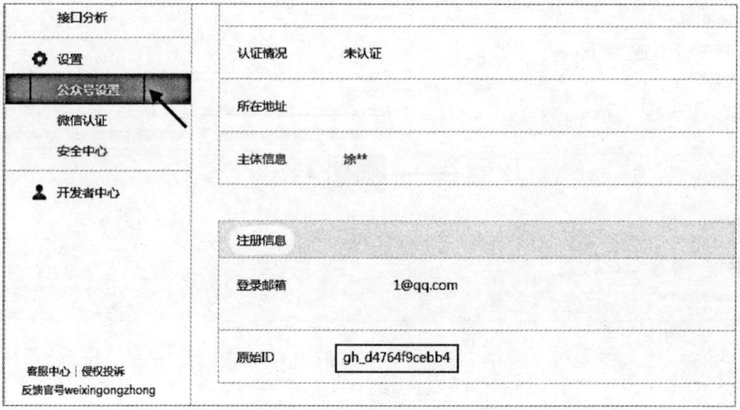

图 3.21　微信原始公众号获取

微信店铺认证信息提交后，等待审核，1~3 个工作日后即可开通，如图 3.22 所示。

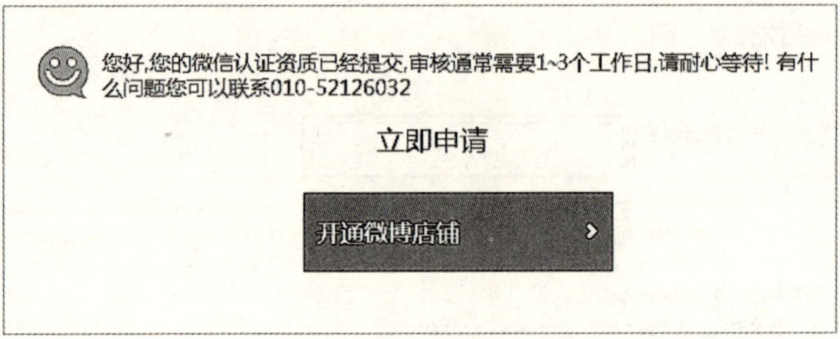

图 3.22　等待审核

如果是有天猫店或淘宝C店的商家，还可以进行店铺认证，点击商品管理，提交店铺名称，经审核认证后，天猫店或淘宝C店的商品就会同步到商品管理界面，免去了重新发布商品的麻烦，如图 3.23 所示。

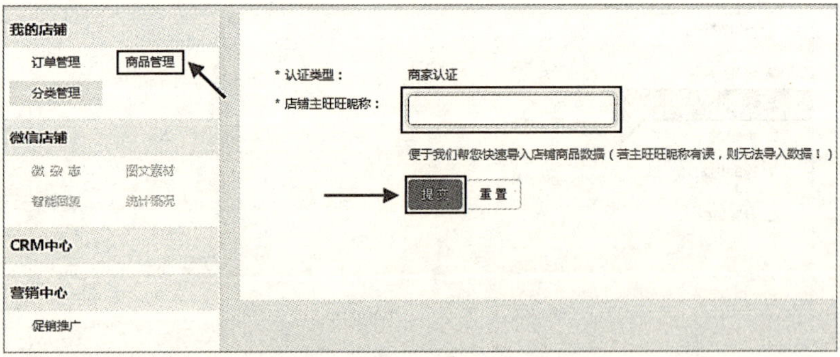

图 3.23　店铺认证

商品同步完成后，优物库微店就算创建成功了，如图 3.24 所示。

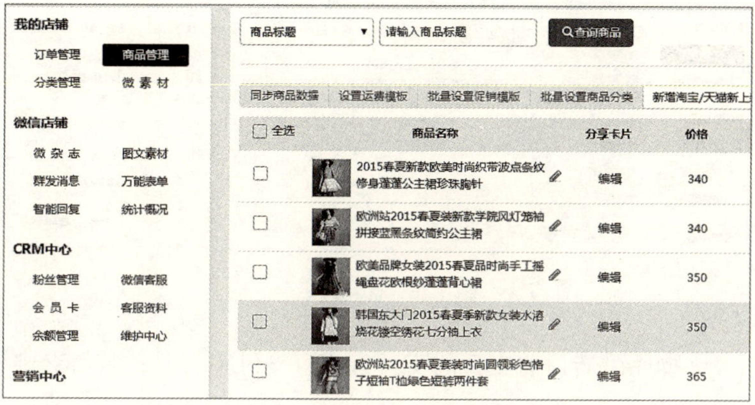

图 3.24　创建成功

在所有配置工作都完成后，就可以到后台管理页面进行页面菜单等相应的设置了，如图 3.25 所示。

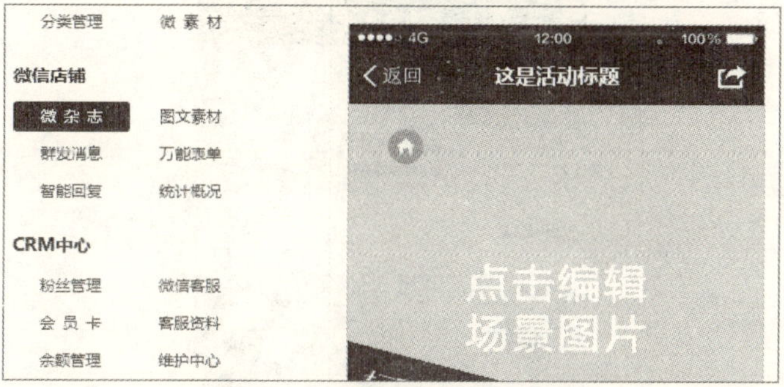

图 3.25　优物库手机微杂志设置页

优物库的后台管理功能是非常强大的，在这里你可以装修你的微店店铺，有多种模板供你选择。你可以上架、编辑、删除商品，管理订单，还可以利用各种营销工具管理你的粉丝，如图 3.26 所示。

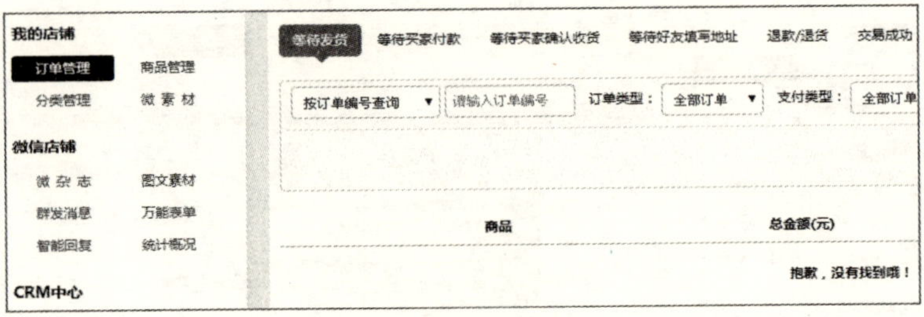

图 3.26　优物库后台

优物库微店目前支持的支付方式有支付宝支付、微信支付和银行卡支付，店主在完成所有装修和商品上架工作后，就可以把自己的微店链接发送到微信朋友圈和公众号，朋友点开后即可直接购买，如图 3.27 所示。

图 3.27　微店首页案例

如何做好企业微店陈列和布局

企业微店不能像淘宝一样，同时陈列众多商品，这是不人性化的，也不符合手机用户的特点。你需要给用户指明一条道路，让他们可以很方便地根据你提供的路径去走。用手机购物的人一般不会花费很多精力在店铺里寻找商品。我们时刻要记得，微店是无法和PC端的浏览器一样，支持多标签、多窗口浏览的。

所以，单纯把所有商品摆放好是没有办法带来好的购物体验和浏览效果的。手机端的购物人群往往是没有耐心的一群人，所以手机端的商品陈列要为用户提供各种方便，引导用户点击了解。同时，要给用户提供有价值的信息，并很自然地将其与商品进行关联，使用户能够无阻碍地在店铺里浏览、闲逛。再通过简单的价值提炼为用户的购买提供参考，同时将商品的信息以及客户的疑问尽量在产品介绍中解释清楚。因为手机端的客服是很难做到及时回应的，一般大家都采用自助购物的方式，会联系客服的用户很少，大家都嫌麻烦。如图 3.28 所示。

大家都知道宜家迷宫式的商场布局，事实上它只不过是把行进路线设计得弯弯曲曲，让顾客全程走完花费更多的时间，尽可能长时间地待在里面浏览最多的商品而已。从入口延伸到出口的过程中，全程都有路牌指示，而且方向性很明确，顾客完全不会有迷路的可能性。专家称这是一种心理武器，在尽可能长时间留住顾客的同时还从心理上迫使消费者进行冲动消费，购买更多商品。

同时，在宜家没有销售员围着顾客转，因为商品价格标签上已经提供了非常完整的产品信息。你还会看到很多家具上有大大的文字提示：桌面可拉伸、转椅可升降之类的，这些都是自助式购物的提示语。

通过宜家的例子，我们可以学到一些有用的信息并应用到微店的陈列布局上。第一，做好路径引导；第二，为商品提供价值描述和完整的产品信息。如图 3.29 所示。

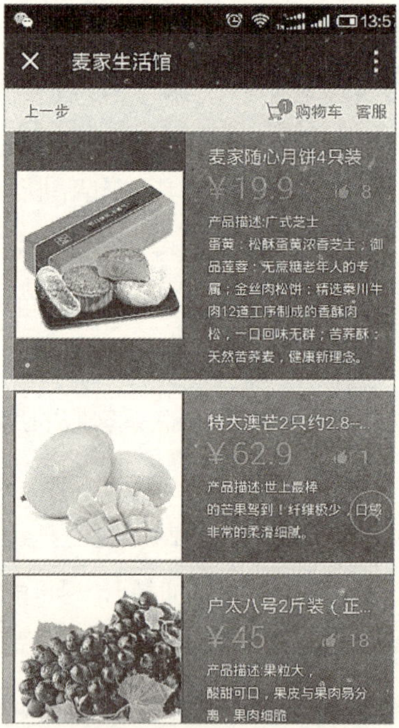

图 3.28 微店列表页信息介绍

图 3.29 微店陈列

“姿美堂”的微店运营案例分析

关于姿美堂的品牌和历史就不多做介绍了，它是天猫胶原蛋白类目排名第一的品牌。这一节我们就以姿美堂为案例，看看一个成功的化妆品品牌是如何做微店运营的。

1. 定位。

企业在考虑做微店时，不能忽视行业特征，首先要想清楚定位。定位分为微店的定位和品牌的定位。

微店定位：你的微店是用来传递品牌价值、维护客户关系、发布促销信息，还是用来扩建购买渠道？姿美堂微店的定位是，电商企业粉丝服务的平台和最终沉淀用户的池子。其多年的淘宝经营积累了很多老客户和会员。但是，淘宝在社交和客户关系管理上存在一些先天的不足；旺旺沟通和短信群发是可行的，但很容易被打上群发广告、垃圾短信的标签，容易引起反感；而微信公众平台在社交和服务方面却有着得天独厚的条件。姿美堂在粉丝上更追求质量，而不是数量。利用微信平台不仅能弥补淘宝、天猫客户服务的不足，还能形成属于自己的“存量流量”，靠这些存量就能够让电商实现平稳发展。

品牌定位：姿美堂是个小众品牌，与其说它是在卖化妆品，还不如说是在卖灵魂态度和生活主张。姿美堂属于一个典型的具有女权主义色彩的品牌，性格有些大女人，又有些小邪恶，不妥协，不人云亦云。他们关注顾客的心灵，形成真切的情感联结，真正从内心深处打动每一位顾客。所以粉丝们都是同一类人，被他们传达的精神和生活态度吸引，不会轻易离开。所以，他们的微信平台成了一个同类人的粉丝圈，而不仅仅是一个卖产品的地方。

2. 微信内容。

姿美堂的群发消息打开率在 50% 以上，且每次专享单品基本在 10 分钟左右就被抢光。为什么会这样呢？要做到内容无可取代，需要对粉丝有足够的了解。姿美堂群发的内容包括员工的爱情故事，能体现品牌调性或更亲近用户的内容，以及做买家秀活动等。他们除了建立微信公众平台以外，还建立了专门的 VIP 粉丝群。在群里每位粉丝都是“女王”，每天都会举办群互动。这些互动环节都能够起到凝聚粉丝和再传播作用。

3. 微店装修。

店铺装修的图片设计了很多有格调的高清图片，图片与活动主题相辅相成，整体效果几乎可以与市面上时尚杂志一拼。因为他们对粉丝足够了解，知道粉丝喜欢什么，什么样的风格最符合粉丝的口味，如图 3.30、图 3.31 所示。

4. 商品页面。

商品页面体现在细节上，包括商品的标题、文案描述、排版、图片都是基本功，直接影响粉丝体验。文案描述是姿美堂的调性之魂，没了它，说是寸步难行都不为过。而产品图片则需要专门邀约摄影师与模特，找场景，做合适的造型，拍出的模特产品图片。同时，文案组也要同步组稿，最后由美工制作成精美而有调性的页面。这样做的目的就是不断提升产品的价值和品牌文化。

图 3.30　调性图片

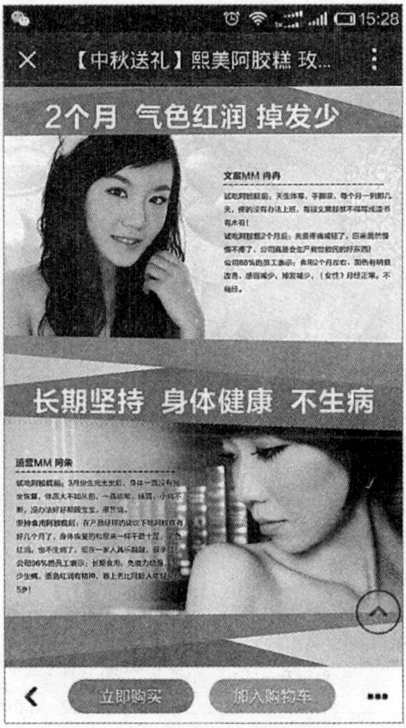

图 3.31　商品详情

5. 做活动。

姿美堂的微店活动会区别于淘宝的活动，制造独特的卖点，造足声势。他们的微信粉丝基本上都是通过活动吸引来的。这样既能够很迅速地把大量的淘宝新老买家转移到微信中来，又能够促进成交。而如何才能让大家接受一个新鲜事物，并且毫无怨言、争先恐后、生怕晚了一步呢？那就要制造一种“抢”的气氛——微店里的活动在其他地方是没有的，晚一秒钟喜欢的东西就有可能会被别人抢走。这样粉丝们完全没有时间去思考为什么要在微店里购买了，如图 3.32 所示。

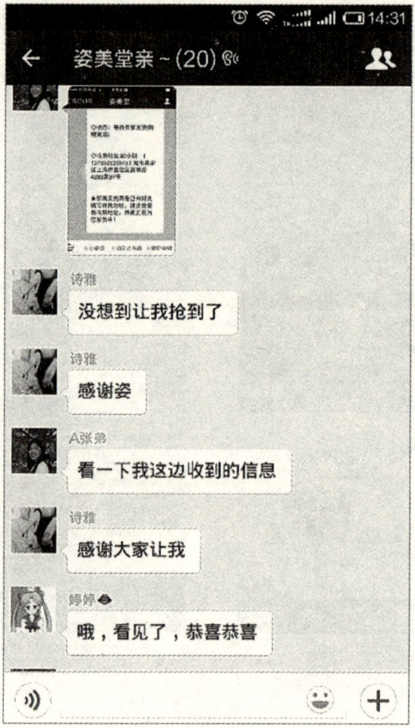

图 3.32　朋友圈内抢商品

这个活动是前期针对VIP粉丝封测群举办的商品抢购活动，是优物库特有的功能，整个效果类似于微信“抢红包”。由姿美堂的微信公众平台运营人员将一款商品链接发到微信群里，所有的粉丝参与抢购，谁先填写好自己的收货地址，这款商品就会被谁抢得。

粉丝抢了第一次就有第二次，形成习惯后粉丝也会在自己的圈子里玩。这种方法就可以得到推广和传播。这种抢商品的活动当粉丝自己参与的时候，姿美堂的微信公众平台也开始随着商品的传播而传播开来，即粉丝也从姿美堂的微信公众平台上下单，然后放到自己的其他微信群里发福利。这个活动还可以变着花样玩，比如微信转赠，粉丝在姿美堂的微信公众平台上下单付款，然后将商品转赠给自己的好友，好友填写收货地址后，姿美堂的工作人员就可以将商品寄送给该粉丝的朋友，如图 3.33 所示。

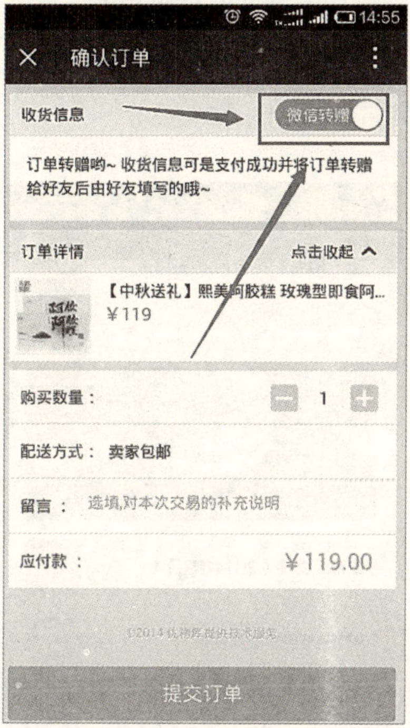

图 3.33 微信转赠

姿美堂微信公众平台还专门针对“微信转赠”做了一次“买一送一”的推广活动，反响非常好，并且起到了很好的再传播效果。这个活动是怎么做的呢？其实很简单，就是在活动期间，只要粉丝在姿美堂微信公众平台下单购买商品并作为礼品赠送给自己的朋友，姿美堂除了会给该粉丝的好友寄送一份，还会给该粉丝也寄送一份，相当于将商品打 5 折同时卖给了两个人。在售卖商品的同时，还充分利用微信的传播属性，吸引了大量粉丝。

“买家秀”和“连续签到有奖”，也是姿美堂用得非常好的粉丝互动活动。这个活动不是简简单单地放几张买家秀的照片就可以了，还要进行买家秀的投票，让大家都参与进来。投票之后还会公布排名和获奖名单，如图 3.34 所示。

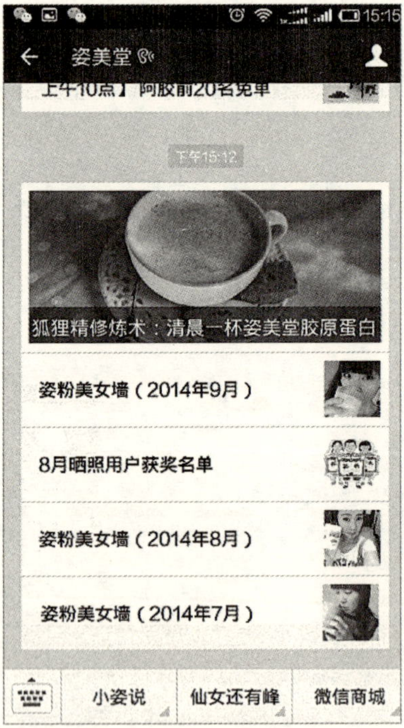

图 3.34 买家秀

6. 客户服务。

姿美堂认为做客户服务最重要的是互动沟通，要尽量做到你中有我，我中有你。他们拒绝冷冰冰的机器自动回复，而是利用优物库后台的粉丝维护功能，制定了专门的粉丝“1—4—7”客户服务体系，即在粉丝下单后的第1天、第4天、第7天进行回访，同时整个周期中还会通过微信平台与粉丝保持沟通交流，如图3.35、图3.36所示。

通过微信进行CRM客户管理有很多优点。特别是，借助微信的高级接口和优物库的二次开发，在微信上可以方便地查询粉丝在商城内的各种动作，比如浏览页面、聊天记录、粉丝标签、粉丝会员等级等各类信息，方便进行精准营销。

姿美堂还搞了很多活动在这里就不一一介绍了，当然，每个商家情况都不一样，吸取好的经验、找出适合自己的路子才是最重要的。

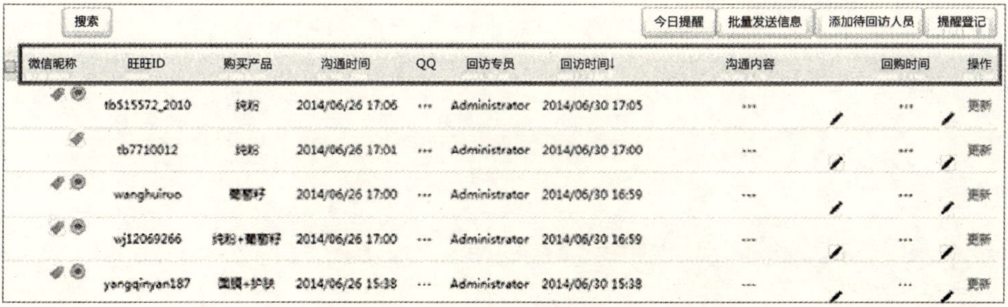

图3.35　微信CRM客户管理–1

待回访时间		
添加时间	2014-07-04 09:19	✔
第1次回访	2014-07-08 09:19	✔
第2次回访	2014-07-11 09:19	✖
第3次回访	2014-07-18 09:19	✔
第4次回访	2014-07-25 09:19	✔
第5次回访	2014-08-01 09:19	✔
第6次回访	2014-08-08 09:19	✔
第7次回访	2014-08-15 09:19	✔
第8次回访	2014-08-22 09:19	✔
第9次回访	2014-08-29 09:19	↻
第10次回访	2014-09-05 09:19	
第11次回访	2014-09-12 09:19	
第12次回访	2014-09-19 09:19	
第13次回访	2014-09-26 09:19	
第14次回访	2014-10-02 09:19	

图 3.36　微信CRM客户管理–2

第四章

微信营销，你该从这里准备和入门

如何定位企业微信营销策略

不管采取哪种营销方式和策略，企业都要先明确自己究竟想要做什么，也就是说，要先给自己做定位。定位包括三个方面：

1. 明确你的产品是什么。

首先你要对自己有充分的认识，你是卖什么的，或者你是做什么的。比如我是E店宝CEO，我卖的产品就是E店宝，它是电商行业第三方ERP软件第一品牌。

2. 你能够提供什么样的服务。

要明确你能为你的粉丝提供什么服务？这个过程是什么？简单地说，就是把一家企业或者一个人的一切行为特质、优点和资源有效地组织起来，服务于大家。这些特质、优点和资源，一定是以领袖为中心的，并且是能够满足你的目标粉丝群体的需要的。

3. 产品要卖给谁。

最后要明确产品究竟要卖给谁。也就是说，要精确定位目标群体，然后才能围绕着目标群体的需求，提供他们需要的产品和服务。

菲利普·科特勒曾经说过："星巴克卖的不是咖啡，是休闲。法拉利卖的不是跑车，是一种近似疯狂的驾驶快感和高贵。劳力士卖的不是表，是奢侈的感觉和自信。俏卡卖的不是内衣，是舒适与安心。麦肯锡卖的不是数据，是权威与专业。"

因此，要准确定位你的微信营销策略，还需要知道产品的本质是什么。比如你想卖有机蔬菜，那么你就需要知道有机蔬菜的本质是什么。它的本质不是食物，不是农产品，更不是乡村，而是一种家庭健康饮食的生活理念。那么，你就可以把你的微信营销公众号定位为纯天然蔬果专家、高品质健康生活顾问，为都市消费者提供蔬果百科知识和健康生活疑问解答服务。你的目标粉丝群体可以以女性为主，锁定那些追求高品质生活的白领人士和中高端收入的商务人士。

微电商怎样做好朋友圈营销

朋友圈是微信的一个最基本的社交功能。用户可以通过朋友圈发表文字、图片和视频，同时也可通过互联网获取一些精美的文章、音乐或者视频分享到朋友圈。用户可以对好友发的微信进行“评论”或“点赞”，但只能看到共同好友之间的评论或点赞。

简单来说，微信朋友圈就是指你在微信上通过一些渠道认识的朋友形成的一个圈子，是一个由熟人、半熟人组成的关系网。它是现实社交在网络世界的延伸，也是维护社交关系的重要渠道。

由于朋友圈具有信息传播属性和社交属性，因此它必然也具备营销属性。更重要的一点是，微信的私人好友数量上限为5000人，这远远超过了QQ的好友数量限制。如果一个微信账号有5000个好友，那么完全能够支撑一个小规模卖家获得高额利润回报了。

微信朋友圈是一种私密社交，它的分享机制和其他工具是不同的。比如它和微博就有很大的差别。微信相对更私密和封闭一些，主要是朋友间的互动。而微博则是属于公开性质的，主要是陌生人之间的互动。

微信朋友圈和淘宝也不同，后者有很成熟的引流方式，朋友圈则没有。但朋友圈的客户流失率很低，只有3%~5%。一个客户通过微信第一次从你这里买了产品，并且你的产品品质不差，那么他可能在未来很长一段时间内都是你的客户。这种客户关系在淘宝就比较难维持，因为淘宝商家众多，有搜索比价功能，很少有人会常年在同一家淘宝店里买东西，除非这种产品只有一家店卖。因此，朋友圈对于维护客户来说，是一个很好的工具。很多淘宝商家会在店铺里面放上自己的微信账号，通过优惠或者奖励的方式激励客户加微信好友，对客户进行管理和维护，如4.1所示。

图4.1 在淘宝店放置微信账号

由于朋友圈子里大多数都是熟人，如果你的产品和服务够好，他们就会帮你传播。而熟人之间的推荐的价值是非常高的，这就很轻易地把交易双方很难打破的信任危机问题解决了。

微信朋友圈比微信公众平台更亲切、更私密。公众平台类似于自媒体，它的优势在于没有粉丝数量的限制。因此，两者的营销方式也是不一样的。就操作而言，微信朋友圈基本上都是在手机上操作，而微信公众平台的后台是在电脑上操作。因此，就输入的方便和快捷度而言，微信公众号要更胜一筹。

在功能上，我们有多种方式主动加好友进朋友圈。比如，系统会给你推荐手机通讯录和QQ好友中已开通微信的人，你可以直接加他们为好友。如果你知道对方的微信号，也可以通过“添加朋友”的方式来加粉丝。你还可以通过微信的“摇一摇”“漂流瓶”和查找“附近的人”主动与陌生人打招呼。这些功能都是微信公众平台没有的。微信公众平台的主要功能则在于粉丝分类和管理。它能实现关键词自动回复和人工回复，具备文章推送和信息群发功能，可以直接推送到每个粉丝的微信号中去。此外，它还有一个最大的优势，可以通过开发模式获得更多的功能，如举办各种促销活动、做游戏等互动功能。

由于功能的不同，朋友圈和微信公众号的推广方式是完全不一样的。朋友圈的推广大部分是通过朋友间的相互介绍，也就是通过口碑来达成。而公众号推广，功夫是在微信之外的。你需要利用线上和线下的各种资源进行推广：一是充分利用二维码，鼓励粉丝们扫码关注；二是策划各种有奖互动活动进行推广。

对于经营规模较小的小微电商来说，订阅号的被动推送方式远不及朋友圈依托熟人关系主动传播的推广效果好。

朋友圈营销布局的 6 个关键

做朋友圈营销之前，微电商需要对自己的微信账号进行布局。也就是说，需要做好一切营销前的准备，为让引流进来的客户了解你、喜欢你奠定良好的基础。

1. 微信头像。

微信头像可以是你的品牌的Logo，也可以是你本人的头像照片。如果用企业吉祥物或者有代言的卡通形象也很好。不要用大众头像，至少是要用容易让人记住的头像，要能体现微信价值的定位。以企业领袖为中心的微信号就需要尽量弱化广告，突出展现一个活生生的、有血有肉的人。

2. 封面和相册。

个人微信的封面事实上是一个做硬广告的好地方。版面很大，能够展示很多内容，只要别显得太乱，尽可能美观一点，就不会招人反感。在这里，你可以放上你个人的照片、企业优势产品的图片、企业的品牌名称与Logo、企业微信公众平台的账号、企业的核心广告语、企业的服务热线、企业的地址等内容。这样，粉丝一进入你的微信个人页面就能看到这些基本信息了。

如图 4.2 所示，相册图片应该显示的是产品图片、自己的工作照片或生活照片、团队照片、客户案例等，不要将各种乱七八糟的图片放上去。

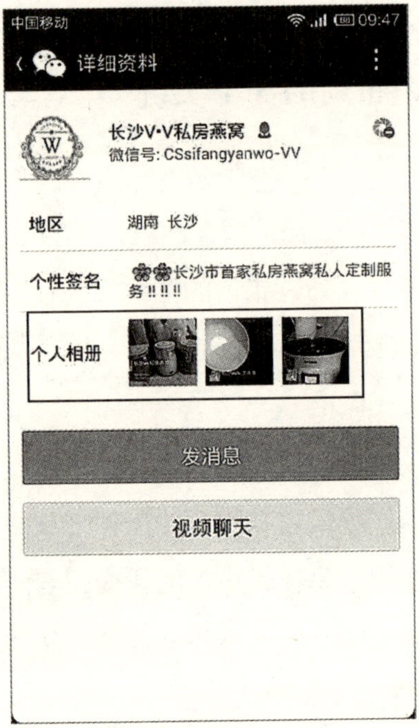

图 4.2　相册图片

3. 微信名（昵称）。

根据定位，给微信号取一个简洁明了的名字很重要。这个名字需要与品牌价值相关，让人很容易联想到微信定位。不要有太难认的字或者下划线之类的符号。从粉丝的角度去考虑，要便于搜索和传播，不要有类似于“公司”“集团”这类生硬、冷冰冰的字眼。如果你的粉丝属于某个特定地域，建议把地域也加上，比如“湖南美食推荐”。强化地域属性会让粉丝更有归属感。

微信名一旦确定下来，就不要随意更换。这是个人品牌的一部分，不随意更换会让人觉得你是一个可信的、不善变的人，值得交朋友。

4. 所在位置。

发朋友圈的时候，分享你所在的位置信息也是一个很好的推广机会。粉丝不仅可以了解到你的位置，还可以看到具体的地址和联系电话。这样，你发的每一条微信都可以算是一条广告，如图 4.3、图 4.4 所示。

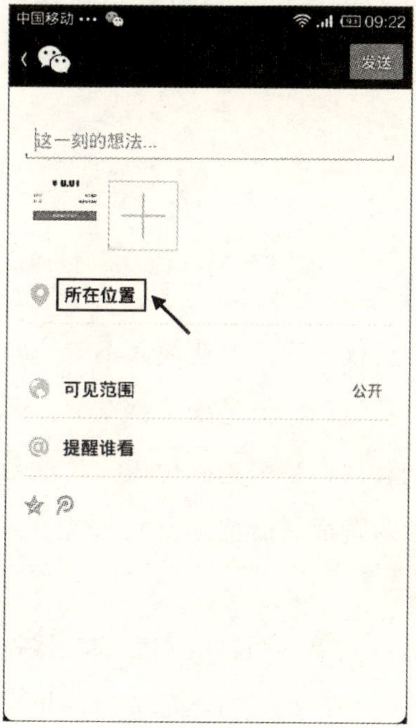

图 4.3 所在位置设置–1

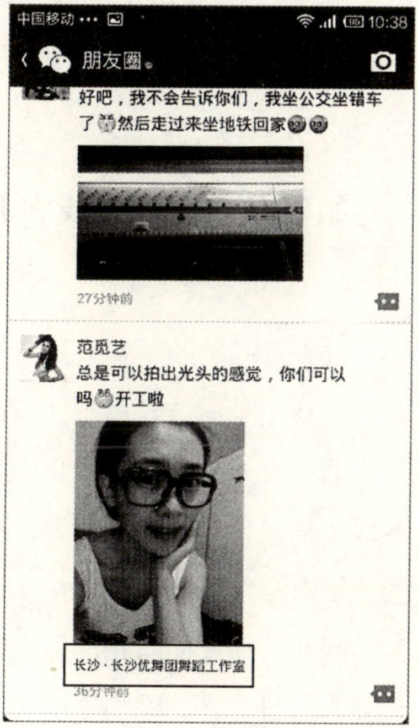

图 4.4 所在位置设置–2

5. 微信个性签名。

微信的个性签名可以说是微信名的延伸，可以利用它继续介绍你的产品。设置微信签名时需要注意三个方面：第一，要体现自己的个人品牌或者企业品牌、核心产品与优势，第二，要体现带给客户的好处，第三，要达到加深客户印象的效果。

6. 微信号。

一般微信号是越简单越好。通常建议用微信名的汉语拼音，如果拼音太长，那么可以挑选最关键的几个字的拼音。切记，尽量少用英文，因为有些人对英文是有障碍的。如果你想用的账号已经被注册了，那么可以在前后加上比较好记的数字，就可以避免重复了。

如何在朋友圈寻找客源

过去互联网的逻辑就是流量和转化，任何商业模式不管是电商、游戏还是广告，第一要务都是找流量。但是到了移动端，因为人的社交方式发生了变化，时间和渠道越来越碎片化，人本身变成了信息传递的重要环节，口碑营销成了微信朋友圈非常重要的流量来源。

因此，朋友圈营销的方法相对更简单，而且成本低廉。但是你要有首批客源，然后才能通过服务和产品质量，形成口口相传的口碑效应。首批客源如何寻找呢？

首先，你可以通过目前已经有的资源去吸引粉丝加入你的微信朋友圈里来。如果你是开淘宝店的，就可以把你的已有客户吸引到微信朋友圈里来，鼓励他们加为好友。如果你有微博，你也可以把微博粉丝吸引到微信朋友圈里来。你还可以将自己的QQ好友加为微信好友。除了通过宣传自己的微信名片让别人主动关注你之外，你也可以主动出击去寻找潜在客户。你可以通过相关的QQ群找到对这个行业有需求的群体，通过宣传让他们成为你的QQ好友，然后再将这些QQ好友添加为微信好友即可。

如何把QQ好友变成微信好友呢？操作方法是，进入微信通讯录，然后点“新的朋友”，如图 4.5 所示。

图 4.5　新的朋友

默认是可以添加手机通讯录里的好友，你也可以选择添加手机好友或QQ好友成为你的微信好友，点“添加QQ好友”，如图4.6所示。

图4.6　添加QQ好友

然后你可以看到QQ好友列表里很多注册了微信账号的朋友，可以一一点击“添加”按钮进行添加。对方看到你的添加申请，如果对你或者你的服务和产品感兴趣，就会接受你的申请，如图4.7所示。

图 4.7　添加朋友

微信还有三个自带功能可以主动添加更多好友。进入“发现”栏，你可以看到有“摇一摇”“附近的人”“漂流瓶”等功能模块。如果没有看到“漂流瓶”模块，可以进入“设置”里面，点击“通用”，进入“功能”，选择启用“漂流瓶”就可以了。它们都能够对你添加好友起到帮助作用，如图 4.8 所示。

首先看“摇一摇”工具，点击进去，选择搜寻同一时刻摇晃手机的人，拿着手机前后或者左右摇晃一下，如图 4.9 所示。

过一会儿就会出现同一时刻摇晃手机的人的微信号，你可以选择打开他们，如图 4.10 所示。

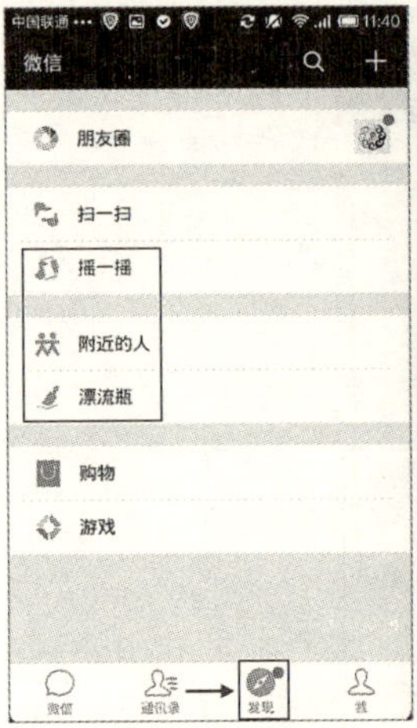

图 4.8　发现

图 4.9　摇一摇 -1

图 4.10　摇一摇 -2

单击“打招呼”按钮，主动和他们交流，喜欢你的朋友就会主动加你好友，如图 4.11 所示。一般如果你的头像图片比较吸引眼球的话，那么这种方式加好友的效果会好很多。

点击“附近的人”也可以查找你所在位置附近同样使用微信的人群，这个方法对于卖大众消费品的实体店效果比较好，比如理发店、餐馆、小卖部等，如图 4.12、图 4.13 所示。

采用“漂流瓶”的形式能传达到的人群的面会更广一些，但是这种方式的转化周期和转化率并不高。你可以通过做活动的方式来传递你的漂流瓶，比如，你可以把它打造成一次浪漫的交友活动，鼓励大家把活动传递下去。在活动传递的过程中提升活动影响力，从而获得更多流量来源。

上面这三种方法虽然效率不是很高，而且引过来的客户也不是很精准，但可以作为辅助的引流工具使用。

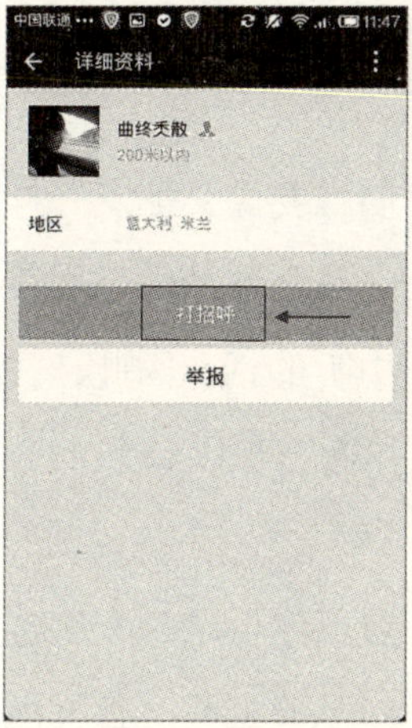

图 4.11 摇一摇 –3

图 4.12 附近的人 –1

图 4.13 附近的人 –2

当然你也可以在百度贴吧、专业论坛、社交网站、新闻评论中推广微信号。正所谓“八仙过海，各显神通”，更多其他方法就不一一介绍了。当积累了大量微信好友之后，剩下需要考虑的就是如何运营这些潜在客户，让他们给你创造价值的事情了。

朋友圈的营销智慧

很多刚做朋友圈营销的人都以为在朋友圈里卖东西就是不断加好友，然后不断发广告刷屏。事实上，这样做不仅意义不大，而且容易招人反感。因为微信是一个朋友社交工具，这样做就完全违背了其产品属性。你需要做的是变主动为被动，立即停止刷屏，认真思考如何把好友变成客户？

1. 建立关系的智慧。

既然朋友圈是朋友社交的工具，那么我们就要像交朋友一样运营自己的朋友圈。朋友见面，在一般的社交场合都是先夸奖或赞美对方。只有不受欢迎的人才会说一些不中听的话。因此，在朋友圈里，你也应该主动给朋友点“赞”，并适当加以精彩的评论。这会让你的粉丝更容易记住你。

在交往中，认真的态度也是很重要的一点。你可以每天筛选出 20 个你的粉丝发布的话题，用心阅读并一一认真回复。这样能够很快通过交流到交心，最后达成交易。

你推送的广告内容不要太直接、单一，要尽量好玩有趣一些，这样更容易吸引人们的眼球和注意力。

增加粉丝互动性的一个很有效的方法就是做活动，如点赞送礼品、晒单有礼、建议有奖等。你也可以发起一些话题，让粉丝和你形成互动，了解他们的需求和存在的问题，最终再由你提出完美的解决方案。通过这样的方式，形成深度交流，从而增加粉丝黏度。

由此我们可以了解到，朋友圈营销归根到底是人的营销。你首先需要把自己推销出去，让大家对你产生好的印象和好的感觉，然后大家才会去关注你的产品，购买你的产品。

2. 内容编辑的智慧。

做朋友圈营销还需要规划推送内容。你需要考虑的问题有，应该发什么样的内容，发这样的内容目的是什么，能给你的粉丝带来什么价值等。不要漫无目的地随意乱发。

朋友圈里首先要解决的是信任问题，其次是价值问题。要提高信任感，你可以分享一些客户现场体验的评价和图片。如果你卖的是减肥药，那么你可以经常分享一些客户减肥成功前后的对比照。你也可以分享一些你找货、看货、进货的照片等，让粉丝了解你采购的所有流程，让他们对自己所购买的产品放心。如果你是做韩国化妆品代购的，就可以放上你去韩国的机票图片、在韩国采购的照片等。总之要尽可能透明，透明可以增进信任。

你还可以偶尔分享一下自己的生活状态，让粉丝们知道你是一个活生生的人，也有七情六欲，而不是一个冷冰冰的机器。这样你的形象才会饱满，才会让人感觉真实。真实是增强信任的一个很重要的因素。

当然你还可以分享一些个人的经历和荣誉。告诉粉丝们，你有多专业。比如你是卖奢侈品的，就可以分享一些这类信息，如如何鉴别产品真伪、到哪里买比较划算、如何保养、行业内幕等。这样，你的粉丝一有这类问题自然就会想到你。这也是加强客户信任的一种方式，有助于增加粉丝黏度。

你也可以根据微信好友分类，有针对性地分享他们感兴趣的内容，让客户觉得你是一个有情趣、有品位的人。彼此兴趣相投，信任感自然就油然而生了。

价值就是你能够帮助客户解决什么样的问题。这是服务的一部分，你的客户有什么问题，你需要根据他们的问题给出解决方案。比如女人到了一定年纪，最怕的就是皱纹，而你的产品就是解决这个问题的，那么你就需要发一些“科普”类的文章，说明使用你的产品为什么能够有这样的效果，你的产品和别的同类产品的区别和优势分别是什么，为什么定这个价位，等等。只要粉丝了解了你的产品的价值，他们一定会自己找上门来。

3. 分享推送的智慧。

分享和推送的时间也需要有一个规划。一般来说，客户一天的活跃周期分为三个阶段：首先是早上 7:00—9:00，正好是起床到上班的时间段，这个时间段会有很多碎片时间可以看微信。接下来是中午 12:00—14:00，很多人吃完午饭没事做，无聊的时候也会去看看微信。第三个时段是在晚上 20:00—22:00，是客户活跃度的最高峰，也称为微信营销的黄金时间。

因此，你可以把一些有趣的内容放在早上和中午分享，真正起到广告作用的部分，比如你的产品制作流程、客户案例与故事、各种互动活动等，放在晚上粉丝活跃的时间段分享。

建议每天发布信息的条数控制在 3~5 条，时间段一定要间隔开，让在不同时间段打开朋友圈的人都能够看到你推送的信息，然后吸引他们点进去看你发的全部内容。

朋友圈营销的 8 个注意事项

朋友圈是一个强关系圈，不能充分又合理利用是一种损失，但是过分利用也会造成恶劣的影响。这里我总结了 8 个注意事项供大家参考。

1. 不要把朋友圈的信息推送变成一项机械、死板的工作。

信息推送不可以过于死板，否则很容易导致内容空洞、枯燥无味。比如卖衣服的，每天都以同样的模式发布新款，就会让粉丝觉得你没有用心，只是单纯发广告而已。因此，推送信息时不要限于固定模式，要用心将每一条信息都以不同的形式或创意发布到朋友圈，让粉丝觉得你是个有意思、有讲究的人。

2. 不要去推送一些消极负面的信息。

除非你就是要在朋友圈里树立一个不积极向上的负面形象，否则尽量不要在朋友圈里推送一些消极负面的信息。因为正常情况下，人们都是喜欢积极向上的朋友的。

3. 多夸奖和赞美对方，绝对是获得好人缘的必备法宝。

在日常生活中如此，在微信朋友圈里也同样如此。经常给微信好友分享的内容点赞，或者评论赞美对方，可以快速赢得对方的好感，增加相互之间的友好度。只有对方喜欢你，才会关注你和你的产品，才能带来成交。

4. 不要滥发广告信息。

很多做微信营销的新手都认为，朋友圈营销就是加粉丝、发广告，实则不然。朋友圈营销是情感营销，是基于朋友关系之上的营销行为。一般来说，你应该把九成的精力用来建立信任，剩下的一成用来宣传产品就足够了。

5. 不要去分享一些与定位人群无关的八卦文章和不雅图片。

这样做会让人感觉你很无聊、肤浅。心灵鸡汤之类的文章也最好一周只分享一次。

6. 一定不能直接在朋友圈里对客户进行抱怨。

客户体验是决定你能否提供好的服务的最重要的一环。这里的客户体验除了包括产品的体验，还包含你的应答速度、言语态度、是否人性化而不是冷冰冰、是否和客户沟通顺畅等服务方面的体验。很多时候，就算产品质量一般，但是你的服务态度很到位，也能够化解问题。在朋友圈里抱怨客户的行为，或许一时之下能令你泄愤，但是也会给别人留下不好的印象。能不能让客户拥有愉悦的购物经历，在很大程度上决定了你能否走得长远。

7. 不要认为粉丝越多越好。

粉丝不在于数量多少，而在于是否能够带来成交。因此，做微信营销切忌盲目加粉，追求表面的繁荣。

8. 不能三天打鱼，两天晒网。

朋友圈营销的过程是缓慢的，不可操之过急，要有耐心，因为建立信任需要一个过程。要看到别人成功之前的努力和坚持。

微电商如何进行公众平台营销

微信公众平台是腾讯在微信的基础上新增的功能。个人或者企业可以通过它为自己打造一个可以群发文字、图片、语音、视频等类别内容的微信公众号。目前微信公众平台支持PC端和移动端网页登录，并可以绑定私人账号进行群发信息。现在很多微电商都不知道这个平台如何注册和使用，这一节就介绍如何快速注册微信公众平台账号。

微信公众平台注册全攻略

首先，你可以在百度搜索关键词“微信公众平台”，找到微信公众平台官方网站的链接，点击进入微信公众平台的登录界面。或者你也可以直接在浏览器地址栏中输入网址https://mp.weixin.qq.com，回车，进入登录页面。进去后，单击右上角的“立即注册”，如图4.14所示。

图 4.14　微信公众平台登录页面

在打开的注册页面中，输入邮箱地址，这个邮箱地址将是你的登录账号，然后输入密码和验证码。填好以后，单击“注册”按钮，如图4.15所示。

接下来页面会提示你登录刚才你注册时候填的邮箱，去查收“确认邮件”。你可以直接单击“登录邮箱”按钮，如图4.16所示。

打开你的邮箱，找到微信给你发的那封“确认邮件”并单击打开，你会看到这里有一个可以激活账号的链接，单击这个链接，如图4.17所示。

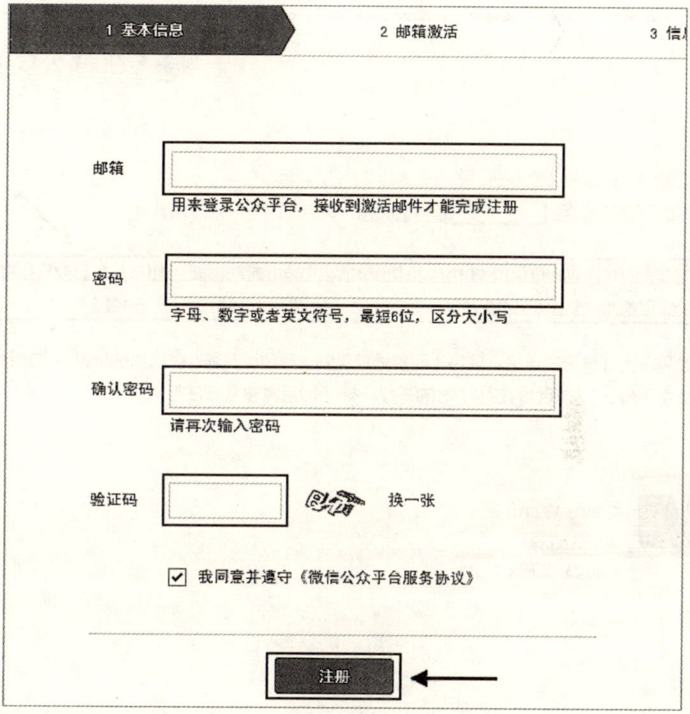

图 4.15　微信公众平台注册页面

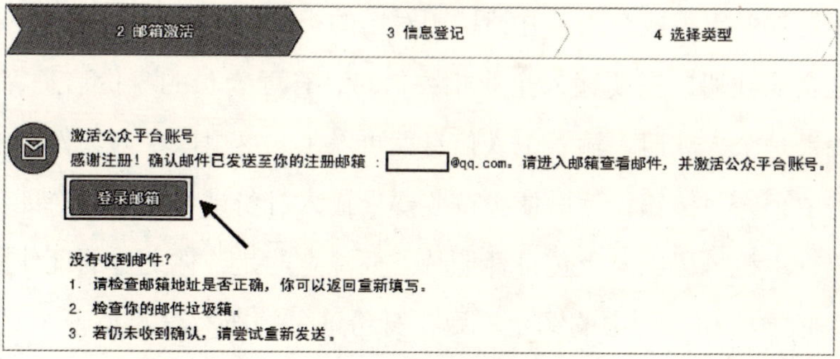

图 4.16　邮箱激活

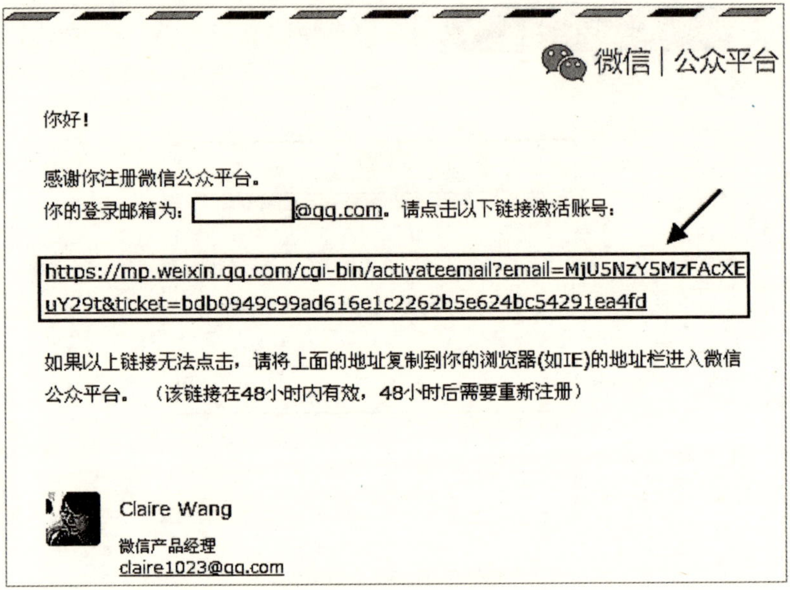

微信 | 公众平台

你好！

感谢你注册微信公众平台。

你的登录邮箱为：@qq.com。请点击以下链接激活账号：

https://mp.weixin.qq.com/cgi-bin/activateemail?email=MjU5NzY5MzFAcXEuY29t&ticket=bdb0949c99ad616e1c2262b5e624bc54291ea4fd

如果以上链接无法点击，请将上面的地址复制到你的浏览器(如IE)的地址栏进入微信公众平台。（该链接在48小时内有效，48小时后需要重新注册）

Claire Wang

微信产品经理

claire1023@qq.com

图 4.17　确认邮件

然后你就可以在新打开的页面中，看到一个登记个人或者企业信息的页面。你需要确认微信公众号是属于政府、媒体、企业，还是其他组织或个人，并请按照对应的类别进行信息登记。如果是企业注册，需要输入企业相关信息、管理人员的身份信息等。如果是个人注册，输入个人信息就可以了。这里以个人为例，单击“个人”按钮，然后依次按照要求输入身份证姓名、身份证号码、手机号码以及上传证件照片。要注意的是，你上传的证件照片必须要和示例中的图示一致，身份证上的所有信息清晰可见，而且必须要能够看清证件号码。照片需免冠，最好不要化妆，手持证件的人的五官清晰可见。照片的内容真实有效，不允许做任何修改。支持的照片格式有jpg、jpeg、bmp、gif，图片大小不能超过 2M，如图 4.18 所示。

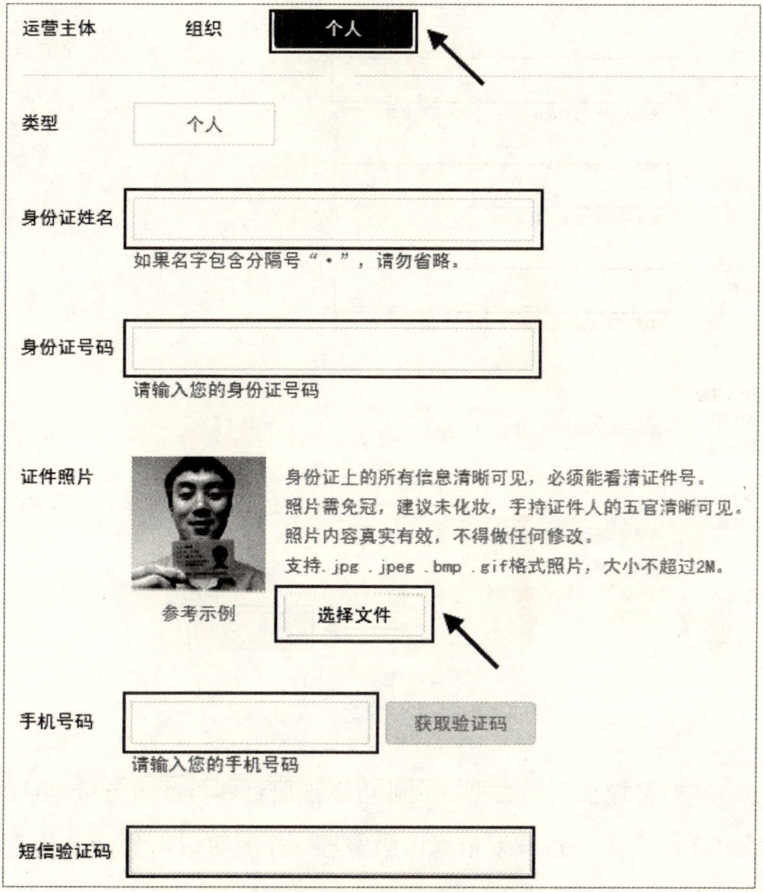

图 4.18　个人信息登记页面

页面下拉，继续填写你所在的城市、固定电话、单位名称和职务等。选填的部分可以不填，最后单击底部的“继续”按钮，如图 4.19 所示。

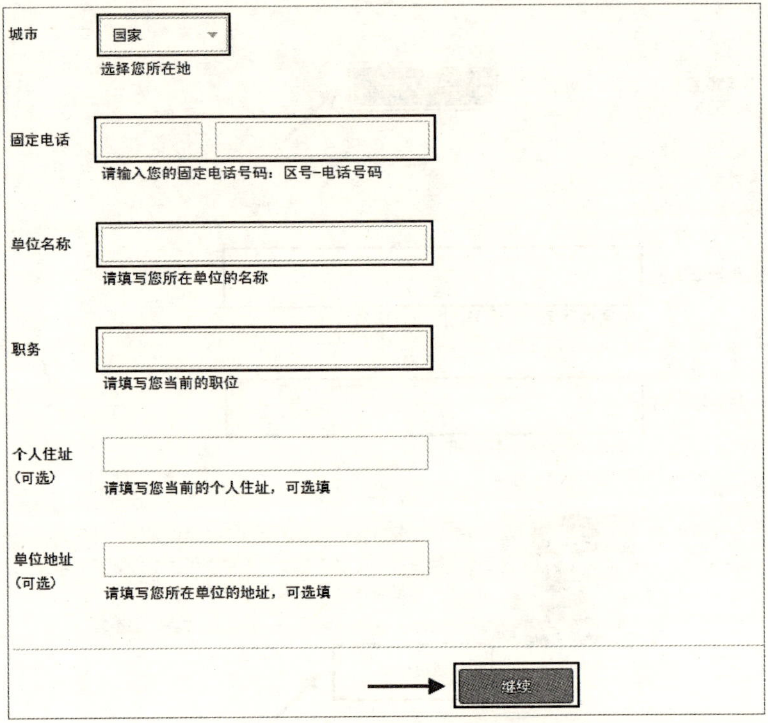

图 4.19　个人信息登记页面（续）

然后选择公众号类型。企业可以注册订阅号或服务号，订阅号可以每天发一条群发信息，服务号一个月可以群发四条信息，但会多一些功能。由于这里运营的主体以个人为例，所以公众号类型只可选择订阅号。在打开的页面中，选择“订阅号”类型，单击“继续”按钮，如图 4.20 所示。

在弹出的对话框中，继续单击“确定”按钮，如图 4.21 所示。

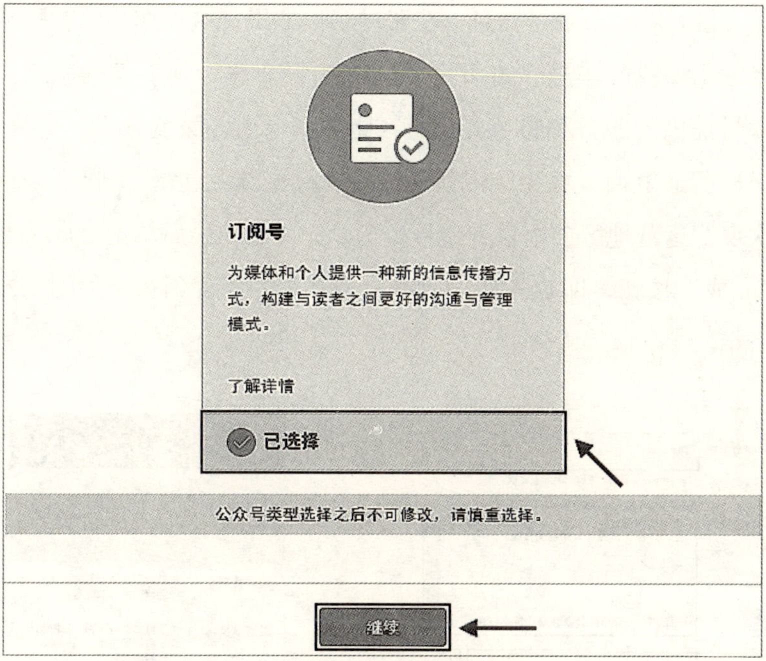

图 4.20　个人选择订阅号

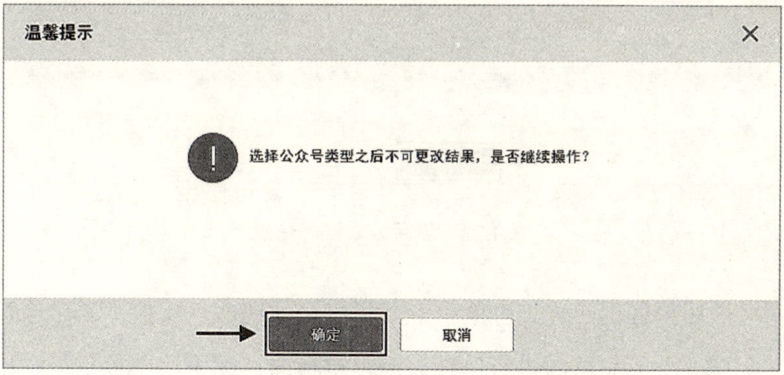

图 4.21　选定公众号类型

最后填写公众号信息。在账号名称框里，填上你想要的账号名，比如我的账号“如来”。在功能介绍框里，填上你的微信公众号提供的服务和特色等信息，比如“电商，深度分享，交流，一群苦逼电商人养生，传递正能量，大佬都关注啦。”接下来依次填写运营地区、语言和账号类型。完成后，最后单击最底下的“完成”按钮，即宣告你注册微信公众号的流程结束，如图 4.22 所示。

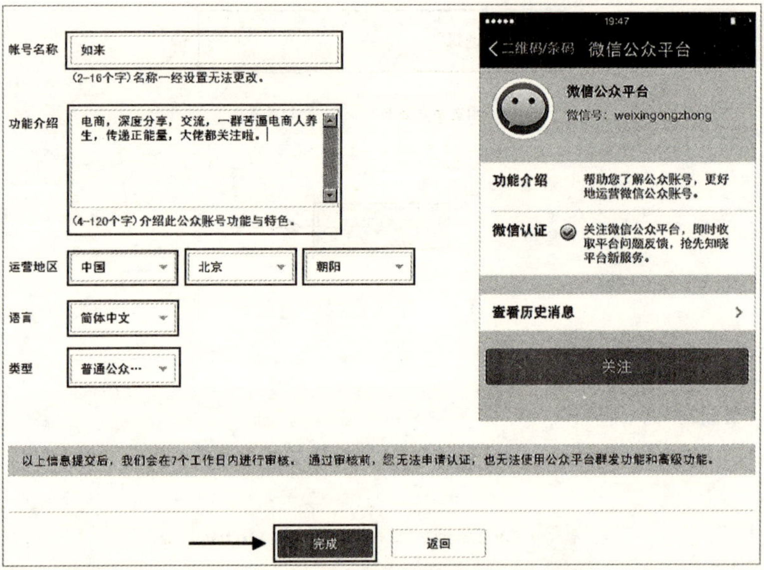

图 4.22 填写公众账号信息

最后页面提示你，你的公众账号已经注册成功。接下来微信官方会在 7 个工作日内进行审核。通过审核前，你无法申请认证，也无法使用公众平台群发功能和高级功能。完成审核后，微信官方会发邮件通知你已经审核通过，那时你就可以使用之前注册时填写的账号和密码登录和使用微信公众号了，如图 4.23 所示。

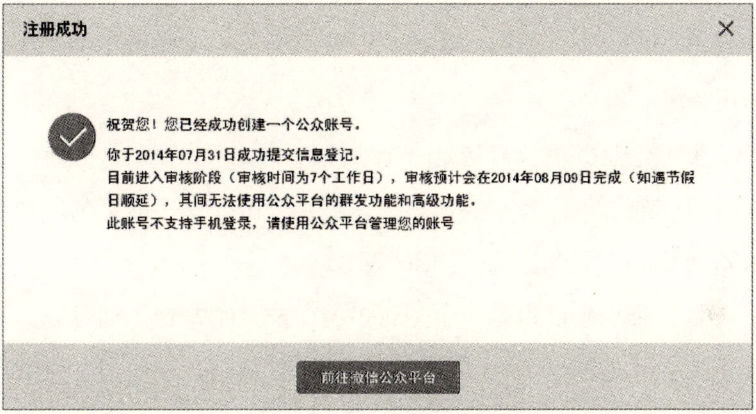

图 4.23　注册成功页面

为什么要使用微信公众平台

微电商注册好微信公众号之后，第一件重要的事情应该就是把朋友圈的基础粉丝引导到公众平台上去。为什么呢？因为微信公众平台相比朋友圈能够容纳更多的粉丝，而且功能更多，更有利于塑造品牌和企业形象。

根据 2013 年 6 月速途研究院发布的调查报告，22%的微信用户在使用订阅公众账号的功能。而 2013 年艾媒咨询数据也显示，经常使用微信公众平台的用户占比达 24.1%。随着移动互联网经济的快速发展，这个数据还在不断增加。

“再小的个体，也有自己的品牌”，这是微信公众平台的官方广告。因此，如果你有一个微信公众平台的话，就代表着你有一个值得信赖的个人品牌。微信公众平台为每个人提供了一个创建自己品牌的机会。

由于企业微信公众号是一个快速传播信息的窗口，因此它也具有媒体属性。而有了媒体属性，就可以做非常多的事情，如重大新闻发布、免费进行人才招聘等。

微信公众平台也是一个一对多的微友互动平台。通过它，明星们加强了与粉丝的互动，媒体扩大了传播面，学校为学生带来了便利，等等。

除此之外，微信公众平台还是一个产品销售平台。它具备在线购买、在线支付、促销等产品销售平台所具备的功能。

它也是一个和粉丝建立高黏、度强关系的客户服务平台。它能够实时和客户在线互动、提供各类客户体验，也可以推出新品试用、消费者意见调研等有奖活动。还可以提供在线咨询、售后服务等一系列客服功能。

微信公众平台的后台能够看到所有目标客户的各类数据，企业能够从中得出客户的各类数据分析，为企业的战略和发展、产品的研发提供数据支持。

总结以上的功能，企业微信公众号可以是企业媒体发布平台、产品信息发布平台、危机公关平台、消费者互动平台、人才招聘平台、促销活动开展平台、新品展示平台、网上购物平台、调研平台等。事实上一切企业关注和需要的功能都基本可以通过微信公众号实现。

如何运作微信公众号

没有粉丝的公众号是没有任何意义的。首先微电商需要最大限度地利用已经有的资源，把微信公众号所关联的QQ号、二维码和微信号都放到官网、淘宝店、官方微博等地方去展示，让已有的其他平台的粉丝都来关注微信公众号。

你可以把微信公众号信息印到你的产品手册、海报、宣传单以及产品外包装上，还可以印制一批带有微信公众号二维码等信息的小贴纸，将其贴到发出的每一个包裹上。同时，在宣传上，你需要通过奖励的方式，鼓励人们扫码关注你的公众号。比如加微信公众号可以获得更多的优惠、赠品等。对于老客户，你还可以通过诸如只要加粉丝就可以获得一定返现的方法来提高转化率。综合运用这些方法，每天你都能够稳定地获得一批粉丝的关注。

微信是一个进行深度沟通营销、提高用户黏度、促使用户多次购买、维系用户关系的绝佳工具。因此，有必要增加更多的投入以获得更多的粉丝。比如，可以通过设置“关注有奖”的活动进行粉丝的挖掘。通过活动吸引粉丝的效果是显著的，能够在短期内带来比较多的粉丝，但是缺点在于效果是不可持续的。此外，通过QQ群、论坛、豆瓣等进行线上推广，效果也是不错的。总而言之，哪里有你定位的客户群体，就可以去哪里推广你的微信公众号。

当你的公众号有了一定数量的粉丝之后，还可以使用公众号互推的方式来互相分享粉丝。具体流程是，先在QQ群里搜索关键字“微信互推”，然后加入一些有质量的相关群，从中寻找和你微信定位人群类似且人数差不多的公众号，和他们交换推送对方微信号的信息，这样就能够快速做到资源分享。这种方法的效果很好，而且无须花费任何费用。当然，你也可以找人气高的“大咖”帮忙分享，但是这不是免费的。

有了粉丝之后，要想留住他们并与之成为朋友，让他们喜欢你、爱上你，就要在服务上下功夫。对于一个媒体平台来讲，公众号的生死存亡取决于粉丝是否认可其服务。

首先服务态度一定要好，和粉丝互动的时候要尽量客气、有礼貌，这样显示你的素质。你的素质就代表着公众号的格调。同时，你的回复一定要尽量及时，不要让客户等太久。

交朋友不仅仅是聊天，你还需要和他们一起参与活动，加强互动，增进感情。因此，你可以经常发起一些有意思的活动，而且这些活动最好是和你的产品和服务有联系。如果有奖品或者其他好处就更好了。微信绝对值得这些投入，因为它将换来的是一群绝对忠诚于你的粉丝，他们的终身价值能够让你取之不尽，用之不竭。

服务还包括内容的服务，你需要提供粉丝们感兴趣的、高质量的文章，让他们觉得你是有内涵的、有趣的，这样他们才会愿意接收你的推送，持续关注你。公众号的文章推送频率不能太高，最多一天只能发一次。推送时间一般选在晚上的20:00以后，这个时间不会打扰到粉丝们。同一个星期的每一天也是不太一样的。比如周一是周末综合征的显著期，粉丝们的成交率和阅读率会更高。而周四则是黎明前的黑暗，粉丝们都开始琢磨周末放假的事情，这时候也更容易接受带有促销信息的实用资讯。

事实上，只要你服务做好了，让粉丝们喜欢上你甚至爱上你了，你的销售自然没有任何问题。他们甚至会主动找你，购买你的产品和服务。

粉丝迅速增涨的原则和秘诀

基于人性的两大核心问题——信任和隐私，我提出了粉丝迅速增涨的三大原则。微电商们可以根据以下三大原则来制定自己的粉丝增涨策略。

粉丝增涨原则

1. 线下优于线上。

由于线下面对面的交流更容易培养信任感、交到朋友，因此线下加粉丝的方法往往优于线上。线下的方法有很多，比如你可以印刷广告彩页或招牌、杂志、名片等吸引粉丝，或者你去各个地方进行一对多的演讲，演讲完了以后让他们关注你的微信。

线下采用广告彩页或招牌吸引粉丝时最好选择人多或者人群定

位精准的地方，或者离店面比较近的地方，这样对于吸引本地粉丝非常有效，如图 4.24 所示。

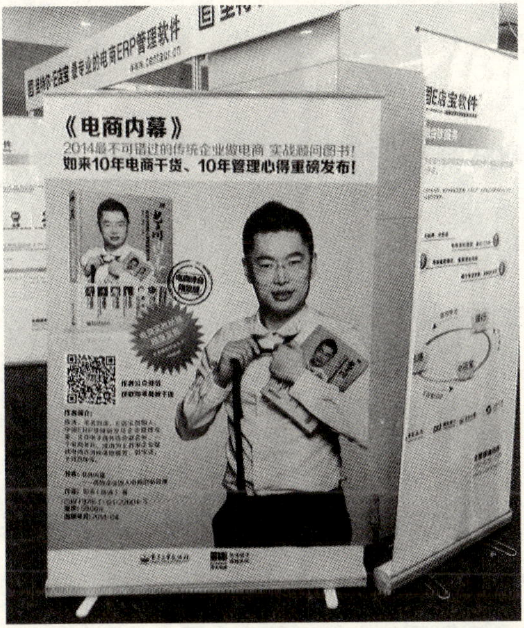

图 4.24　易拉宝广告

2. PC优于手机。

做个小测试：PC端的二维码和手机端的二维码，你会扫哪一个？ 90%的人都是扫PC端的二维码。为什么呢？因为PC落后，落后的东西往往更让人觉得可信任。

二维码在PC端的推广方法一般有软文推广、官网发布、头像、网络个人简历、百度知道等。

3. 私密优于陌生。

在今天这个信息爆炸又缺乏安全感的时代，大家对一切信息都变得更加谨慎，很难建立彼此间的信任感。所以，通过转发文章给陌生人来吸引粉丝是一个愚蠢的方法。相比之下，通过转发个人简历来吸引粉丝更有效。因为你把你私密的个人信息转发给别人，别人能够很快了解你，你和对方就变得更亲密了，对方就会自然而然地愿意和你成为朋友，关注你，成为你的粉丝了。所以选择一种私密的方式来吸引粉丝更有效。

根据这个原则我们可以得出，各类圈子、QQ群、微信群、YY语音等都是私密性非常好的易于吸引粉丝的体系。比如，我在YY语音开课，学员们听后会马上成为我的粉丝。但如果对着一群陌生人做广告、发文章，别人都不认识你、不了解你，你做得再好许多人也不会关注你。因此，要尽量在一个私密体系内获得他人信任，成为朋友后他们才能变成你的粉丝。

随着移动互联网的发展以及公众平台的不断完善，每一天都有大批微信公众号上线，但是大部分的公众号都因为粉丝量太少而很难持续运营下去。如果没有粉丝的关注，那么公众号设计得再漂亮、内容再好也没有任何意义。

获得忠实粉丝的方法

“如来”微信公众号在刚开通5天内使用了5种方式进行粉丝

邀请，轻松获得了700个忠实粉丝的关注。接下来就给大家介绍一下获得首批忠实粉丝的这5种方法：

1. QQ群推广。

这是如来用的第一个添加公众号粉丝的方法，很有效。25%的朋友看到我在QQ群里的加粉丝请求都添加了好友关注。这种方法只适合第一次添加，不适合频繁使用，不然就变成骚扰了。

2. 群发邮件。

我使用的第二个加粉丝的方法是群发邀请邮件。一定要注意的是，邮件内容不能以广告的形式撰写，最好以朋友的身份发送邀请并告知关注理由，不同的朋友要有不同的说辞。这个方法也是有效果的，最终有大约4%的人会通过邮件来加好友。效果虽然一般，但还是可以试试。

3. 群发短信。

如来使用短信群发的方式，一次测试发了1000条短信。短信发送很快，但也很骚扰，所以给好朋友发送务必诚恳，但效果不太好，接收者会比较排斥。最终的测试结果是，大概6%的人会通过短信直接添加好友。当然，这也取决于你的短信内容的设计，但整体感觉效果还是很一般。

4. 推送原创文章。

如来每天坚持推送原创文章给朋友们。这种方法带来的转发效果是很不错的。而且朋友越多，文章被转发的也就越多。经过测试，如来主动通过群和朋友圈发文章，在覆盖人群1000人的情况下，带来了大概100人左右的粉丝，效果还是令人满意的。这个方法适合长期使用，能够替公众号带来源源不断的粉丝关注，如图 4.25、图 4.26 所示。

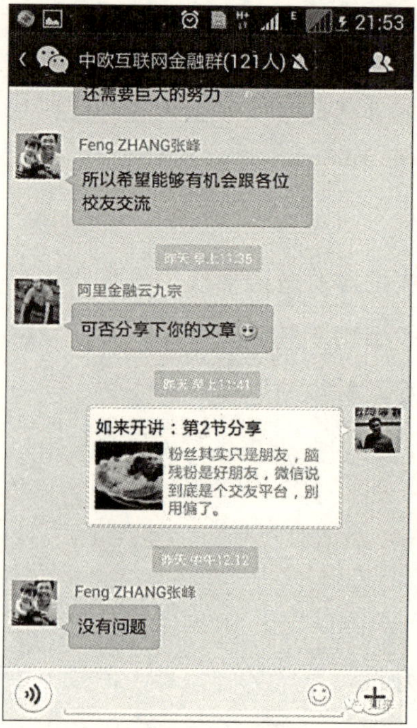

图 4.25　群内分享原创文章

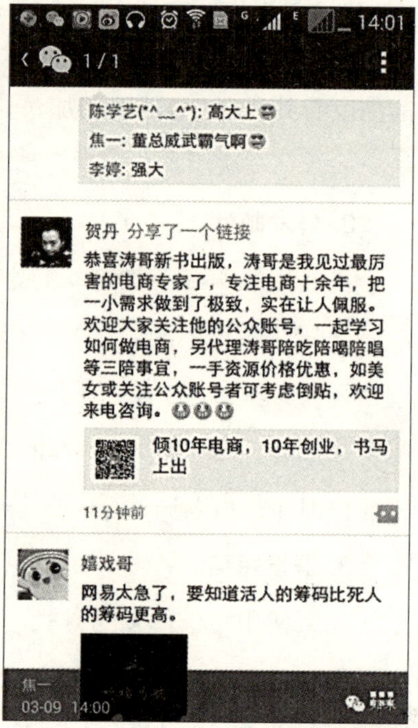

图 4. 26　微信朋友圈发文章

5. 微信名片推荐。

经过验证，通过微信名片推荐给微信群里的朋友的方法是最好的。因为群内的朋友大部分都认识，所以发出的名片能够获得很高的关注度。对于微信群里不认识的，我主动将他们加为我的好友，并在加好友的过程中做自我介绍，加完好友后我会发给他们一个我的电子版公众号名片，希望他们关注一下。这个办法就好比现实中交朋友一样，看起来有点笨，但是把它标准化之后非常有效。实际效果是，发出去 500 多张名片最终获得了 200 多人的关注，效果非常好。因此我认为，微信名片推荐是有效添加公众号好友方法中的首选。

另外还可以通过好友的推荐进行传播。以我的公众号为例，具体流程是，首先让好友加我的微信号“rulaijuyi”为好友后，点击进入“公众号”，找到如来的公众号，点击右上角身份图标，继续点右上角图标，在弹出的菜单中，选择“推荐给朋友”，然后选择更多联系人，全部打钩后点击“确定”即可，如图 4.27、图 4.28 所示。

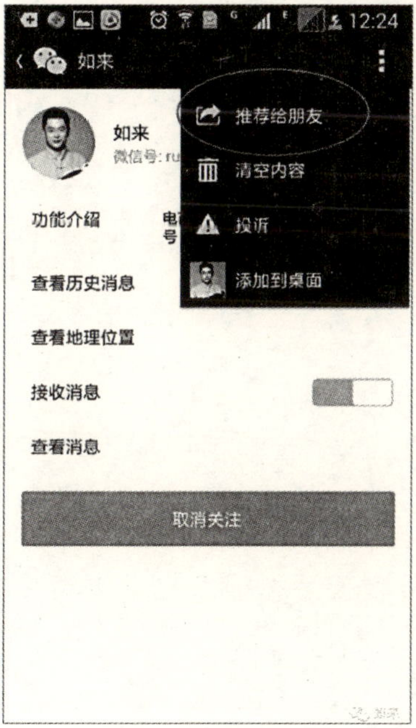

图 4.27　推荐给朋友

图 4.28　更多联系人

看到这里，你是否已经按捺不住要行动起来呢？

对上述所有方法我都进行过测试和研究，最后发现建立首批粉丝的最好方法就是：先告知你的朋友你开通了微信，然后建立朋友关系、发送名片，再由朋友推荐，让陌生人认识你、关注你。经过这个过程之后，你就有了基础粉。这批基础粉基本上都是质量很高的相互认识的忠实粉丝。

怎样管理和维护你的粉丝

任何一个微信粉丝数达到一定数量级的微电商都会遇到两个问题：第一是粉丝涨到数万以后，将难以应对海量的粉丝信息，尤其是图片及语音信息；第二是粉丝规模越大，掉粉率也将会随之上升。因此，如何有效管理和维护粉丝就成了众多电商们共同关心的话题。

合理建立你的管理组织体系

如何管理和维护你的粉丝呢？首先，需要一个有明确分工的运营团队。如团长、副团长、负责管文章的、负责抓流程的、负责审批的、负责审核的、负责微信群踢人的等等。其次，要建立你的管理组织体系。这个组织要健全，因为健全的组织会引发组织行为的爆炸式发展。

管理组织体系中可以有专职的，如微信专员，还可以有兼职的，如“脑残粉”。我们的公众号现在就有22个“脑残粉”兼职为我们服务。他们不仅会主动转发，而且还会经常提醒别人转发。著名的“罗辑思维”曾经只有10人左右的团队、若干铁杆“脑残粉”，却覆盖管理200多万订阅用户。会员活跃度越高越考验团队运营社群的能力，以及团队对社群的理解和投入，所以管理组织体系的建立非常重要。

那么，怎样利用这些铁杆“脑残粉”为你服务呢？首先你一定要与粉丝建立横向的纽带联系，并从中筛选出那些活跃的粉丝，把他们变成铁杆“脑残粉”。你还可以将他们分成不同的等级，分别筛选出来。

高等级：指的是个人的社会网络同质性较强，人与人的关系更亲密，有很强的情感因素维系着人际关系。比如老婆、亲戚、发小、感情深厚的同学。他们的特点一般是掌握的信息比较趋同。

中等级：这是一个中间状态，社会网络有很大部分的重叠，比如同事、校友、一般的朋友。这是粉丝构成中的核心人群。

低等级：这类人群之间的关系并不紧密，社会网络异质性较强，也没有太多的感情维系。他们相对来说掌握的信息比较多元，相互领域重合较少。比如网友、旅伴、培训时的同学。

筛选出不同等级的粉丝之后，你就可以建立最核心的圈子——“脑残圈”了。“脑残圈”就是“脑残粉”集中的圈子，用于带动其他圈子。“脑残粉”不一定专业，但他们很认真，而且是无私的。有了这些忠实的“脑残粉”加入到管理组织体系中，你管理和维护粉丝的成本将大大减小。

我一般把粉丝分为这样几类：普通粉丝、大群、专业群（区域交流）、铁杆（区域交流）和游离于之外的“护法”。这里的“护法”是指帮你维护你所指定规章制度的人。

大群是从普通粉丝里选出来的，这些人只是听我说话，接受我的服务而已。当然，他们也可以相互交流。

为什么还要分出专业群呢？因为专业人士更喜欢和专业人士交流。当然，专业群还可以再按照区域进行划分，比如北京、上海等区域群。

那为什么还要分出铁杆群呢？因为专业群里面也有一部分非常热情又专业的高手，他们不愿意和那些不太热情的人在一起。当然他们也需要待在专业群里，带动其他人交流。

最后我们再从铁杆群里选出一部分人来当“护法”，建立管理体系。比如你可以规定两个月没发言的人就踢出群，这时“护法”的主要工作就是踢人。只有让群成员流动起来，大家才会珍惜在高级群里的机会。

筛选出“护法”以后，你就可以组建“护法团”来为你服务了。由于他们一般都是有工作的，所以，你的“护法团”的工作时间一般是在早上和晚上。早晨大概是 7:30—9:30 这个时间段，晚上大概是 20:00—22:00 这个时间段。这都是粉丝上微信的比较高峰的时间段。开会时间一般可以定在周一的晚上。

“护法团”还需要分一下职位，一般来说，需要以下几个职位：

判官：就是负责踢人的。踢人是在管理组织体系里面最重要的工作。他们需要掌握规则和处罚分寸，随时把违反规则的人踢出去。

推广：公众号建立起来了，但是文章阅读率、转发率很低，互动也不积极，这时就需要一个调动气氛的人，让群热闹起来。这个负责气氛调节、统筹协调的人就叫推广。

文案：就是写文章的人。粉丝都是目标群体，如果你能发动他们写出好的原创文章并分享给其他人，那么他们之间自然就会形成互动，进而产生口碑传播效应。当然，最专业的文案还是你自己写，但是你要允许他们交流，鼓励他们交流。

文员：这些人要么自己会写，要么会总结别人的话再次分享出去，这样就产生了一个粉丝相互交流的环境。

在你把以上几个职位的人召集起来以后，你就建立起了一个强大的粉丝管理组织体系和微信运营机制。这将大大提高你的微信营销效率，并且大大降低运营成本。

怎样留住粉丝，不再掉粉

公众号是一个相对开放的平台，你可以随时关注，也可以随时取消关注。现在很多企业老板都非常浮躁，规定员工要实现每天增加多少个粉丝的目标。事实上，粉丝增加得再多，如果掉粉数量同样严重，那也是没有任何意义的。

当然，掉粉一定是有原因的，只要你合理掌控，虽然不一定能够做到完全不掉粉，但起码能够将掉粉的程度尽量控制到最小。

要想保住你的粉丝，首先要明白一点，到底什么人在什么情况下才会关注你的微信公众号？事实上，只有两种人会“不离不弃”地关注你，一种是你的朋友，另一种是觉得你是对他有用的人。

根据以上的原则，我总结以下几点会导致粉丝们“取消关注”的问题。避免了这些问题，你就能够保住粉丝，不再掉粉。

1. 缺少互动。

没有互动就没有人情味。有人情味公众号会让人容易有家的感觉，会产生依恋。而没有互动的公众号就不会让粉丝们有你是他们的好朋友的感觉。

2. 广告太多。

一打开你的文章就出现各种各样的广告，谁会喜欢呢？如果你是粉丝，看到这些广告会是什么感受呢？要么屏蔽，要么直接取消关注。因此，运营微信公众号要尽量简化和弱化广告，减少广告的数量，以免引起粉丝反感。

3. 账号很少更新。

这个道理其实很简单，谁也不会喜欢一个沉默寡言的闷葫芦。长期保持沉默，会让粉丝们忽略你、遗忘你，那么他们取消关注就是必然的。因为你对他们没有用，也让人提不起任何兴趣。

4. 定位不聚焦，没有亮点。

很多公众号根本没有对自己服务的人群进行分析，内容没有针对性，而且基本都是转发别人的文章，没有任何原创的和新鲜的内容。这样的公众号对粉丝们来说就是没有价值的，不能给粉丝们一个长期关注的理由。

5. 排版混乱，阅读体验不佳。

事实上，如果你的粉丝在阅读你发的文章时觉得乱、头大，那么就算你分享的内容再精彩，也让人失去阅读下去的欲望。我看到过很多这样的文章，文字与文字之间没有间隙，段与段之间也没有间隔，而且每一段都非常长，阅读起来很困难。因此，优化文章排版，让粉丝读起来轻松愉快，是留住粉丝的一项重要基本工作。

目前微信的公众号已经超过五百万，这说明粉丝的选择机会越来越多。如果你的公众号不能越来越优秀，那么终有一天你的粉丝会取消对你的关注，而去关注更优质的公众号。所以，要想被关注而且不掉粉，总结起来就是四个字“朋友，有用”。不是朋友或者你没有用，粉丝肯定不会再关注你。

怎样建立一个人人都喜爱的微信群

如何建立一个人人都喜爱的微信群，让主动加群的人越来越多，而退群的人越来越少呢？

首先我们要明白普通粉丝的心理，就是说，作为普通粉丝，你愿意加入一个什么样的群组织？

根据实践经验我归纳总结得出，这样的群组织至少需要具备以下三个要素：

1. 有热度。

如果一个群总是死气沉沉，没有人主动说话，更没有互动，那么这样的群你一定不会加，即便加了也恨不得趁早退出去。

2. 有“带头大哥”。

一个群有了“带头大哥”，就有了灵魂，就会让它具有活力、亲和力、感染力、传播性以及足够的互动性。公司里在业内有一定影响力的内行、交游广阔的“交际花”、富有煽动力的领导者等人都可以成为微信群中的“带头大哥”。微信营销讲究的是口碑相传，资源重心应该倾斜在这类人身上。有了他们的带动，传播效应将会更大。

3. 有定位和方向。

没有定位和方向的群，粉丝都不知道这个群是干什么的，谁会愿意加呢？加群一定是有理由的，要么是来学习的，要么是为了寻找资源，或者只是为了打发无聊时光的。给你的群一个定位，同时围绕着定位给它营造相应的氛围，让进入群的人感觉到一种归属感，从而产生凝聚力。

最后总结三点：第一，微信群里要全是粉丝；第二，所有粉丝全是自愿加群；第三，共同学习，利益共享。如果以上都做到的话，建立一个人人都喜爱的微信群就完全不是问题了。

如何让微电商的微信群活跃起来

建立了微信群之后，微电商就需要盘活自己的粉丝，让群活跃起来。因为群一旦活跃起来就会让人有家的感觉。有了家的感觉，粉丝就愿意在这里付出，就会很快地成为忠实粉丝和铁杆粉丝。

要让你的微信群活跃起来，你可以依照以下几种方法去执行：

1. 学会制造话题。

像E店宝的群，我每天发一篇文章，这就是话题。群里每天都可以围绕着我的话题开展讨论，利用语音回复，这就类似于沙龙的性质，比较轻松，大家可以互相发表看法。

2. 主题分享。

除了分享我的文章以外，每天还要有一个人在群里分享一段文字，可以是发表自己对某件事情的看法或者对热点时事的评论等。这就形成了学习氛围，还可以辅以奖惩措施。比如没有发言或者发言晚了，就恶搞一下，将他的头像进行PS处理，使其显得滑稽可笑，娱乐一下。当然，如果发言比较积极、有意义，也可以给予鼓励和奖励。

3. 二人聊天。

比如群主可以挑大家都不认识的人，和其在群里聊天。聊着聊着大家自然就都参与进来了。这必须由群主或者“护法团”里的人来协调和带动。

4. 定期开展各种有奖活动。

通过这些有奖活动给粉丝们一个惊喜、一个感动，从而建立感动式服务与高黏度的关系。

用好上述这些方法就很容易让微信群里的粉丝逐渐活跃起来，过而转化出更多的“脑残粉”。

如来微信群的 8 条规矩

俗话说，“不以规矩，不能成方圆”。因此，我在最重要的铁杆粉丝微信群建立之初就立下了 8 条规矩，经过亲自验证这些规矩能够很好地管理和活跃微信群，现列出来供大家参考：

（1）入群先做自我介绍。每个人进群都必须要做这样一次广告，这也是唯一一次自我广告机会。如果群里的人都互相不认识，那就不容易交流。自我介绍的目的是为了与群里的人互相认识，便于进一步沟通和交流。

（2）第二条规矩叫“毁三观”。提供一张你最有趣的照片供平时相互间调侃使用。这样有助于快速拉近你和其他群成员之间的距离和关系，加深大家对你的印象。

（3）每个粉丝一定要至少做一次群贡献和群分享。

（4）严禁在群里发任何形式的广告。严禁把本群的人拉到别的群里去。

（5）可以在群里发求助信息，但最好是由群主或副群主帮忙发布。比如有什么需求、需要什么帮助等。

（6）群里成员不可以以权谋私。

（7）入群后不说话的踢出去。如果有违法行为、散布小道消息者，也立即踢出去，不留情面。

（8）一切群规由群主制定。这样有助于树立群主的权威。

群规是保持群持续发展的重要制度。而要落实群规，则需要组织。当然，这里我提供的群规仅供大家参考，毕竟不同的人、不同的行业的实际情况不同。相信你了解最基本的原则之后能够举一反三，制定出适合自己的群规。

如何把企业服务传播出去并取得共振效应

接下来，企业需要把自己的服务传播出去，并取得共振效应。通过共振效应，最终实现传播效率的最大化。共振传播我们往往分成以下三步进行：

1. 明确目标受众的喜好。

如果你的服务和目标群体之间不能产生共鸣，你的粉丝数量就会减少，或者说不会增加。反之，如果你能够有效地使两者产生共鸣，并且不断传播出去，那么你的粉丝就会越来越多。这时候数据就很重要了。通过后台数据，我们可以了解到什么类型的文章目标客户喜欢看、什么样的形式最有效等，从而有的放矢地不断改进服务。要让你的目标受众认为你的服务对他们是有价值的，他们才会愿意了解你、长期支持你。

2. 留住你的朋友，让他们传播。

你要想办法留住你的粉丝。比如赠送礼品或者转发有礼的方法就是最有效的。为什么呢？因为拿人家的手短。要让那些喜欢你的人知道，这是一个特权，礼物是有限的。一旦他拿到礼物，也就是获得了特权之后，他就会把你当作自己人。他就向铁杆“脑残粉”更近了一步。你要让他们中的一部分人先享受到特权，然后建立起特权阶级，再通过特权阶级帮助你扩大传播。

3. 开展活动。

除了送礼品外，还要开展活动。这种活动一定是有意义有价值的，并且是有参与感的。比如捐款做慈善、合伙策划一个栏目、开展线下见面会、和明星一起互动、集体涂鸦拍照。总而言之，就是让粉丝和粉丝之间也要建立关系，从而形成一个复杂的关系圈。

小米就会定期举办各类有奖活动来激活用户。比如小米的“微信全民抢楼”活动就是一个很好的例子。如图 4.29 所示。

图 4.29 微信全民抢楼

2014年4月，小米针对“米粉节”推出一个“小米手机微信全民抢楼狂送4万份奖品”的活动，只要同时关注小米手机、小米电视微信，回复“4月8日米粉节”给小米手机微信抢楼，就可能赢得三重好礼；回复“我爱米粉节”给小米电视微信更有机会获得2000枚F码和5台红米手机。

在这次活动期间，小米的微信后台总计收到280万条信息，为小米带来了14万的新增粉丝。在活动开始前，小米的微信粉丝数是51万人，活动结束后猛增到65万人。

第五章

微电商如何制作渗透力强的微信内容

什么样的文章能够在朋友圈快速传播

传播是一切营销的基础，再好的内容，没有传播都是肥皂泡。因此，制作出能够快速传播的文章是微电商们在做微营销时的一个非常重要的环节。

要制作出能快速传播的文章，首先要了解什么样的文章最容易被转发。这里我总结了两种：第一，容易被收藏的；第二，能给大家带来刺激的。

相比较而言，篇幅很短的文章一般是不会被收藏的。因为篇幅短，很快就能看完，不需要保存留待以后再看。而篇幅长一点的好文章，由于人们时间碎片化的缘故，可能不能马上读完，所以很容易被转发或收藏，留待以后再读。事实上，一些人转发就是怕以后看不到了，转发一下可以将其保存到历史记录里。部分人转发的动力来源于收藏。

信息科技飞速发展的今天，朋友圈的信息更新非常快，大家不再吝啬于分享，尤其是能给大家带来刺激和新鲜感的内容。

但是，影响文章是否能被转发和传播的还有一个因素——利益。举个例子，我在朋友圈发布了一条招聘信息请大家帮忙转发，那么朋友圈里的同行人士会不会帮忙转发？一般是不会的。因为对他们来说有可能存在利益冲突。比如自己的员工被挖走之类的。尤其在分享“干货”（电子商务术语）的时候要注意，既要有价值，又不能触动到对方的利益，这样别人才会推荐，文章才能快速传播。

当然，最终能否快速传播还要依赖于前面讲到的管理组织体系。

如何制作有价值的微信内容

有了粉丝以后，微电商们还需要用服务吸引他们、留住他们。好的文章是一种服务。关于如何制作有价值的内容，这里我提出以下七个要点供大家参考：

1. 一定要有社会流通性。

就是要让群里的人都能很轻易地看懂，不要玩“高大上”和专业。越专业越不容易传播，一定要通俗易懂才行。

2. 一定要有“干货”。

假设现在有两篇文章，一篇是讲怎样利用微营销来赚钱，另一篇是讲微营销里有个后台软件很好用。你会看哪一篇？很显然是第一篇。“干货”是最有价值的，你传播“干货”的时候就是在提供服务了。在提供服务的同时再引出产品，这样传播才能够持续。产品到了客户那里，客户用了觉得好，口碑传播的效果才好。真正有效的工作是你要把产品背后的知识讲出来。当然，“干货”

也别太多，不然粉丝们一下也很难消化。

3. 要有触发性。

“大姨吗”软件为什么传播得这么快？那是因为女孩子每个月都至少要谈论一次这个软件，而且通过谈论和交流能够吸引别人下载并安装这个软件，这就叫触发性。所以，一篇文章你发出去之后，读者什么时候才会想起来和他周边的朋友谈论这篇文章很重要。如果你写的这篇文章没有触发性，那么你的这篇文章就不会被传播和引爆。

4. 必须要有情感。

没有情感的文章是不会被传播的。大众点评曾经在母亲节前夕要卖一款洗脚盆，他们的广告策划就是：“母亲节到了，妈妈也要休息一下了，带妈妈放松一下吧”。这就是走的情感路线。在我的公众号里，一般都是有情感的文章最容易得到评论。

5. 要有社会可识别性

什么叫社会可识别性？就是通过特有的商标、相关的案例，或者其他有代表性的特征，让别人一看就知道文章是谁写的，是否有很高的阅读价值。如果看你文章的人无法识别你的价值，那么你的文章就毫无传播效果。

6. 一定不要是纯粹的广告，要有实用价值。

纯粹的广告文章是没有人会看的，而且容易让人反感。最好能让别人看完文章都不知道这是一则广告。通过文字、图片和内容的设计，让顾客产生情感上的共鸣，将顾客的需求激发出来，然后在似乎和文章没关系的地方放上产品的购买链接以及优惠细则，这就足够了。

7. 光煽情也没有用。

你的文章必须要有故事，要有跌宕起伏的情节，要勾起别人继续读下去的欲望。故事是真实还是虚构并不重要，一定要耐人寻味、让大家喜欢听。

如何优化微信标题，提高 300% 的阅读率

根据微信官方的公开信息显示，截至 2014 年 7 月微信公众号的总数已超过 580 万，日均增长数由去年的 8000 个上升至 1.5 万个。随着用户数的增加和对服务要求的不断提高，微信公众号在改版中增加了一些新功能，比如前台、后台都能够直接看到每篇公众号文章的阅读次数了。这不仅有利于促进粉丝有选择性地阅读，而且能够引导用户更有效率地投放文章。由此可见，文章的阅读率将会变得更为重要。

目前，微信标题已经成为决定文章是否会有热度的最重要的因素之一。因为对于整篇微信文章而言，标题就像“脸面”一样，能否吸引粉丝的目光就全靠它了。当然，仅仅吸引目光是不够的，微信标题还应该让粉丝动心，并产生迫不及待想要点开阅读的强烈欲望。

关于微信标题的优化，我总结了以下五点供大家参考。如果能做好这五点，提高300%的阅读率不是问题。

1. 标题要醒目而有新意。

微信规定群发图文消息的标题上限为64个字节，也就是32个汉字。在这32个字内，你需要把标题设计得醒目而有新意，这样才能引发粉丝的注意，让他们产生继续阅读正文的兴趣。

2. 标题里最好有行业名人的名字。

标题里最好能够有一个行业名人的名字，比如王石、马云、史玉柱之类的。人物越大牌，标题就越吸引人，点击率就越高。比如《马云创业语录》《王石：下辈子也不会行贿》这种用名人的名字来背书的文章是非常容易获得点击和转发的。当然，这里还有一个从众心理的因素，人们通常比较迷信所谓权威和成功人士。当然，你的标题也要看上去真实可信，不要过于虚张声势，否则也容易让人反感。

3. 标题最好能够切合当前热点。

标题中可以带有一些比较热门的且能够切合当前热点的词汇。所谓热点，就是指大多数人感兴趣的内容，这样被点击和转发的可能性也更高。比如，一度非常流行的《来自星星的你》就成就了无数个热门的微信标题，如《来自星星的继承者们》之类的。

4. 标题要主题鲜明。

你要确保文章的标题能够准确地概括整篇文章的中心内容，让人一目了然。同时，标题不能过于抽象或者含糊其辞，不然很容易因为文字难以理解而不能激发人们的兴趣。

5. 标题还需要有一定的创意和独特性。

具有想象力和画面感的标题才对读者有吸引力和刺激作用。

依据以上这些原则，你可以研究一下微信里面转发率高的文章的标题，总结其中的规律，看它们是如何做到既吸引眼球又看上去不像广告的，然后你可以进行模仿学习。

微信内容写作技巧与排版攻略

现代人的手机里一般都会订阅很多个公众号，如果你的公众号的文章没有吸引力，那么很快就会被取消关注。因此，掌握如何撰写能够吸引粉丝让他们欲罢不能的文章内容，并通过标题、文字、图片和版式的优化让更多人转发出去的技巧，是运营微信公众号必备的素质。

下面我总结了一些微信内容写作技巧，供大家参考：

1. 尽量淡化新闻媒体的感觉。

微信文章要尽量淡化新闻媒体的感觉，尽量将自己的人格魅力融入其中。因为个人化的、有感情的信息的传播更容易让人接受。尽量减少对公众号进行宣传，要加强提升个人和组织的形象。有特色地彰显自己的魅力，更容易引发关注。

2. 文章的篇幅可以简短，也可以较长。

微信内容如果以文字为主，那最好尽量简短，这样粉丝们才会有耐心把它读完。长度不超过两个手机屏幕的文章最适合手机阅读。总长度长的文章，一定要标题清晰、段落简短，这样粉丝如果不能一气看完，往往就会转发收藏起来，待以后再读。

3. 每个段落配一个强标题。

这样便于让粉丝找到自己感兴趣的内容，而且因为段落简短，细读起来也不费力，不会有被强迫的感觉。

4. 选择合适的图片很重要。

微信配图是对微信文字内容的进一步阐述，也是其意义的延伸。因此，务必要做到图文匹配。

5. 视频形式的内容不宜太长。

如果内容是视频的形式，建议不要超过 5 分钟，特别精致的视频除外。要知道，手机流量是要收费的，如果你的视频长达 30 分钟，那么别人是不会打开看的，太费流量，而且太慢。如果一定要用长视频的形式，建议放到 PC 端的视频网站上去传播。

6. 文章结尾处可以加上广告信息。

在文章的结尾处可以加上一条广告，比如我会在文章结尾写上“作者微信：如来”。整篇文章就这一处广告，要尽量显得专业一点、精美一点。粉丝看了你的文章，如果真的感兴趣的话，就会加你微信。当然，适当的指引是可以的，但绝不可以满篇都是广告，否则就适得其反了。

在运营微信公众号的过程中，利用微信公众平台编辑群发消息是一项很关键的工作。由于每天只能推送一条消息，这就对公众号的内容写作和版面设计能力提出了要求。适当地对群发的微信内容进行编辑美化，提高版面的吸引力，不但能使粉丝在阅读时心情愉悦，而且还能够让你的账号从众多公众号中脱颖而出，获得更多粉丝的青睐。

微信公众号后台提供单图文和多图文两种发文模板，可直接套用。关于文字大小的选择，可根据个人爱好设置，一般 15px、16px 为宜。行间距建议是 1.5 或者 1.75 倍为宜。同时，对于可以概括文章大意的或者要重点强调的文字，可以进行加粗。如果为了更加突出，还可以更改颜色。要注意的是，整篇文章不要出现过多色彩，建议整篇不要超过两种色彩，而且色彩搭配要尽量协调。在段落与段落之间，结构要很分明，最好留出一段距离。

对于传统纸质书的排版格式来说，我们习惯于在段首空两格。而对于微信平台而言，由于手机屏幕本来就比较小，不缩进比缩进看着更加整洁，所以文章的段首不缩进的方式更适合微信，如图 5.1、图 5.2 所示。

微信内容编辑器提供“左对齐”“右对齐”“居中对齐”和“两端对齐”共 4 种方式。一般建议将文字左对齐，这样符合普通人的阅读习惯。

微信内容编辑器提供有序列表和无序列表两种方式。有序列表包括英文字母大小写、阿拉伯数字、罗马数字大小写等 5 种样式。无序列表包括小圆点、小方块、小圆圈等几种方式。合理使用能够让文章更有条理，也能为编辑过程提供方便，如图 5.3 所示。

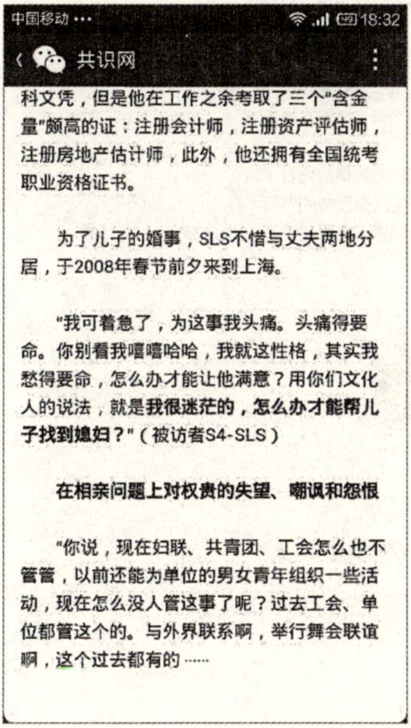

图 5.1 段首缩进图

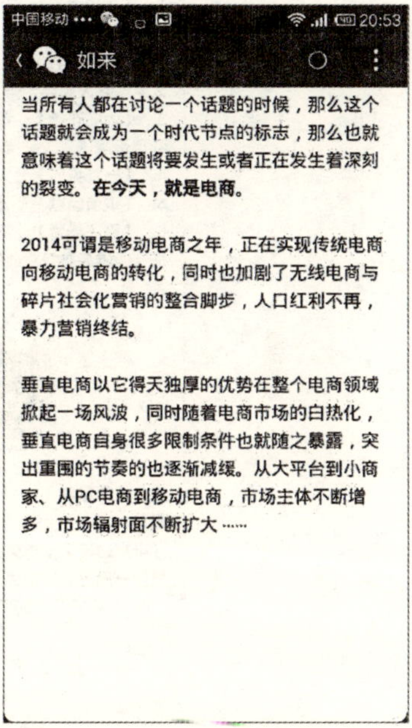

5.2 段首不缩进

对于图片的排版来说，通常建议把图片水平居中显示。因为手机屏幕较小，图片居中展示的话效果更好。图片的尺寸一般选用 640×355 像素的，这个尺寸下的效果最佳（360×200 像素为官方规格，超过限制的图片上传后会压缩）。图片的格式一般选用bmp、png、jpeg、jpg、gif等流行格式。图片的大小要尽量控制在 2M 以内，40KB 左右为最佳状态。向量图片一般用jpg格式，矢量用gif格式。gif 作为动态图片也可以实现类似视频的效果。合理使用gif图片，或者把短视频转换成gif格式，可以展示一些动态的特殊效果。

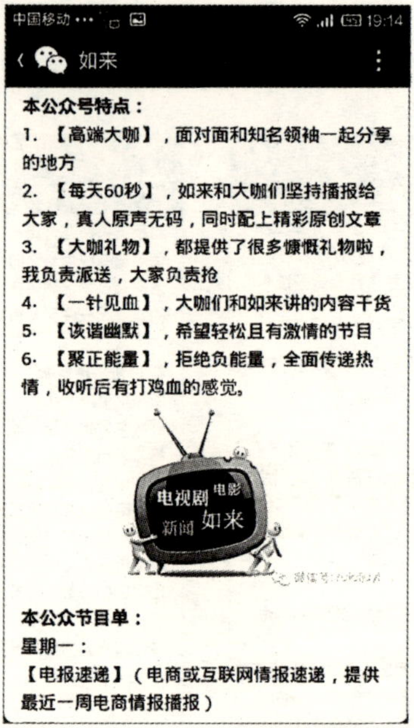

图 5.3　有序列表

总体来说，就微信内容的排版而言，要注意两点：第一，排版不能太糙，第二，排版不能太花哨。否则，如果排版太糙就会让人读不下去，而如果太花哨又会分散注意力，不能完全集中到内容上来，这都是不好的。

微信内容用哪种形式最合适

微信内容有很多种表现形式，如文字、图片、语音、视频等，相比较而言，哪一种形式容易被接受和传播效果最好呢？

首先说文字。要读懂一大段文字，首先要调动人脑识别文字，然后再理解文字的意思，继而接收到其中的信息。这个过程是复杂的，因而这种形式不会是人们最喜欢的方式。所以，如果只能用文字的形式表达的话，那最好是用调皮的文字来表达。结构必须清晰，段落尽量简短。

如果是图片，那一定要吸引眼球，而且要耐看、养眼。符合自然的、健康的东西就是美的东西。比如两个女孩，漂亮不漂亮其实并不是看她长得好不好，而是从内心觉得谁是健康的谁就是最美的。人们天生就喜欢看图，因为图片可以让眼睛更享受。因此，如果图片能够讲清楚的就尽量使用图片，而不要用文字。目的就是尽量让人的大脑更轻松，让阅读更有趣味性和愉悦性。

声音是一种自然又轻松的表达形式。听广播的时候是最不费神的，如果主持人声音还很动听、有磁性，那就更好了，大家都会喜欢听。由于声音很难真正让人做到充耳不闻，因此说它具有一种“强暴”性质，很容易被人们快速接受。

但是最强大的还是视频。它能够给人呈现一个不用思考的精彩画面，同时还伴着美妙的背景音乐。这是一个既刺激又不用动脑的表达形式。视频的刺激性比声音更大，它不仅有直观的画面，还带有声音和字幕。如今，视频的制作已经越来越方便，如“美拍”——很多女孩子都在用的一个APP，它能够快速制作一段一分钟的视频，还能够配上音乐。

综上所述，微信内容选用哪种形式最适合呢？答案已经出来了，让人觉得越刺激越不用动脑的方式越适合，而最符合这个条件的就是视频了。其次是语音，再次是图片，最后是文字。但底线是，千万别用大段大段的文字来“强奸”别人的眼睛。

这里解释一下为什么如来微信公众号采用的是语音的形式。虽然视频的效果最好，而且制作也越来越方便，但是要做得漂亮、精美还是需要很大的投入。相比较而言，语音的成本就低得多，而且实现起来也容易得多。就当前而言，语音是权衡之后的最佳选择。

企业微信内容如何巧妙植入广告

毋庸置疑，通过微信强行推送广告会引起粉丝的不满，导致粉丝忠诚度降低，甚至直接掉粉。而不推送广告的话，又失去了微信营销的意义。所以，能够在微信内容中巧妙地植入广告，才是玩转微信营销的关键所在。那么，怎样才能让别人感觉到你的微信文章不是广告，但是又不知不觉地起到了实际的广告效果呢？

1. 文本、图片植入。

微信内容一般是用图片加软文的方式来演绎的，那么在图片上就可以打上企业或者产品的Logo水印。只要不影响原图的美观，就会产生自然的广告植入效果。对于文本形式的内容来说，你可以在最后加上一个精心设计的作者名字，这就是有效的硬广告了。

2. 舆论热点植入。

不管是早期的“凤姐”，还是后来的“都教授”，细心观察你就会发现每天都会有网络舆论热点人物或者事件。通过这些热点人物和事件可以悄无声息地把广告植入进去。当然，网络舆论热点也分发生、成长、高潮、退潮几个阶段，必须敏锐地观察舆论热点的进度，不要等热点消退以后再做文章，那时的效果就大打折扣了。

3. 视频、语音植入。

如果你能够做出比较有意思或者有创意的小视频，然后把广告植入到视频里去，最后通过微信公众号推送出去，造成疯狂转发效应的话，那就是最好的广告植入模式了。

YouTube上曾经出现一个全球疯狂转发的视频。视频中是两个身穿短裙制服的日本女高中生模仿忍者玩酷跑，她们不仅能飞檐走壁，还能上山下海。她们在日本的大街小巷高楼大厦中自由穿梭，身手跟动漫里的忍者差不多，令不少人看得目瞪口呆，如图5.4所示。

视频看到最后才知道，原来是一个日本知名的饮料“C.C.Lemon”的广告，他们找来了高中女生扮演忍者，并加上了特效。这样的广告植入的手法并没有引起网友的不高兴，网友们只能赞叹说：“被骗了，但实在是太厉害了！”如图5.5所示。

这个日本的饮料广告，在创意和拍摄手法上都受到众多网友推崇，视频上传3天就有超过60万人点阅。这种创意的视频在不知不觉间将品牌植入到网民心中，能够取得任何广告都无法比拟

图 5.4　日本女高中生跑酷

图 5.5　日本知名饮料的广告植入

的营销效果。

当然，普通企业可能没有这个能力去制作这样的视频。那么也可以在自己推送的微信内容中，加入一段自己企业的宣传视频或者语音，最好可以请知名人士或者在业内有一定影响力和地位的人来录制。利用他们的名人效应，制造一种权威的感觉，为你的品牌形象加分。

4. 故事情节植入。

现实中每天都在发生各种各样不同的故事，包括你和你的企业也是一样。你可以分享企业里发生的故事，也可以分享自己的创业经历、身边刚刚发生的小事等。表达一定要带有情感，文章一定要有血有肉、生动传神。要把粉丝当作最亲近的朋友来倾诉，情感到了，广告自然就烙印到粉丝心里去了。

5. 用户体验式植入。

人们每天都在自己的朋友圈里记述自己的生活经验和感受，如果这些感受中有相当比例与你的产品有关，那么其广告效应可想而知。因为关注你的人，有相当一部分是对你的产品感兴趣的，或者是曾经买过你的产品的人。因此，鼓励这些人主动讲述自己使用产品的体验就是在建立真实的口碑。这些真实的口碑再通过各种途径传播出去，就会形成很好的口碑营销效应。这也是最直接、最真实的植入式广告了。

6. “段子”植入。

你经常会发现在微信朋友圈里，很多人在转发各种各样好玩的、幽默的或者有关人生感悟的小“段子”。它们贴近大众，符合人们的审美情趣和喜欢玩乐的天性。任何一种话题、内容、信息一定会有一种最恰当的呈现方式。其中类似“段子”的这种娱乐、搞笑、自嘲的形式是比较受欢迎的。因此，当你把企业品牌或者个人形象植入这些受欢迎的“段子”之中，粉丝们一般不会感到反感，反而会觉得你挺有创意的。

在注重用户体验的前提下，以上几种广告植入方法是做微信营销时的常用方法。实施时不仅要追求效果，更要注重用户体验。只有神不知鬼不觉的植入，才能带来粉丝的高黏度和良好的口碑营销效果。

微信内容写作的 6 个误区

好的微信内容能够带来广告效应，带来更多粉丝。反之，糟糕的微信内容也会带来负面效果，甚至损失很多粉丝的关注。因此，微电商想要做好微信营销就要重视微信内容的写作。常见的微信内容写作误区有以下 6 个：

1. 没有规划。

内容没有规划，想起来就写一篇，忙起来没时间就不写了。要知道，微信营销是一个非常系统的、很严肃的课题，它是有一定的规律的。你需要根据它的规律和原则来制定自己的微信策略。比如一个月发多少篇，每个星期发多少篇，应该在每天的什么时间段固定发布，怎样设定好微信内容的写作规范和模板等等。虽然我们讲求社交网络营销要融入生活，但也不能太随意了。

2. 重“量”不重“质”。

除非你的文章真的非常吸引人，内容很有用，不然还是尽量把文章写得简短一些比较好。由于用户的碎片化时间有限，因此能够让用户在两三分钟内读完的文章是最合适的。当然，图文要有讲究地搭配好，版面要清爽干净，重点文字要加粗或者改变颜色等，增强可读性，充分抓住读者的眼球和注意力。

3. 过分追求精品内容。

很多运营人员每天最大的工作就是绞尽脑汁琢磨原创内容。而事实上，很简单的方法照样可以达到不错的效果，比如可以找一些写得好的文章，然后自己改编。不一定非要在每篇软文中都融入自己的产品信息，有时只需在文章末尾留下自己的产品信息就行了。当文章得到传播时，产品信息同样会得到关注和传播。所以，只要针对目标人群做出相匹配的内容，并能够实现互动就足够了。

4. 广告太多太明显。

你的粉丝关注你，是因为你的东西对他们有用，能够吸引他们，而不是为了看一个接一个的广告。做微信营销切忌急功近利，如果你的账号营销味道太浓，让你的粉丝感觉到不舒服，那么他们很快就会离你而去。到那时，你的营销目的也就很难达成了。

5. 没有定位，没有方向。

微信平台要有明确的定位，然后才能根据定位制作合适的内容，选择相应的推送对象。比如，你定位的目标群体是30~40岁的白领，有小孩、喜欢做饭、热爱生活、喜欢健康的饮食……那么你就可以根据这些人的性格，推送他们感兴趣的内容，而不是不做任何考虑，随便推送。

6. 三天打鱼，两天晒网。

很多人刚开始做微信营销时很积极，每天都会分享文章，可是过不了几天就坚持不下去了。这是做微信营销的人的通病，也是顽疾。要知道，微信营销是一个慢工出细活的工作，需要长期坚持才行。只要长期坚持下去，一定会有收获的。但是如果轻易放弃，那是肯定不可能成功的。

微电商如何炒作话题爆点

什么是话题爆点？事实上，话题爆点就是能够引起大家广泛关注的人物或事件。因此，在移动互联网时代，品牌不仅要做得很有亲和力，还要有很清晰的个性。

泡否科技创始人兼CEO马佳佳就是一个抓住了爆点的人。一般女孩子在谈到避孕套的时候都会害羞，但是她不同，她强调“凭什么男人可以无所顾忌，女人就不可以？男女是平等的，女人也要大胆地表达”。这就是一种个性的、非主流的表达，代表了部分女性的心声。

马佳佳一发表观点，你可能就会攻击她，这说明你不同意她的观点，但你一攻击她，就产生了话题和观点。有了话题自然就会产生争论和传播。因此，爆点就出现了。

所以，找到群体中的弱势群体，哪怕是一小部分人，然后找到他们的刚需和利益点，并将它们挖掘出来，就找到了爆点。爆点要定位到一个群体，最好是你的目标群体，到时候这个群体会帮助你去传播。如果不是目标群体，那么他们能够影响到你的目标群体也可以。

知道了什么是爆点之后，你就需要根据爆点炒作话题，让爆点持续引爆。为此，你的话题文章必须具备以下几个特点：

1. 要有谈资。

你炒作的话题要能形成两句话就能说清楚的谈资。比如，黄太吉煎饼的创始人赫畅就是一个卖煎饼的，这就是谈资。一个煎饼20元钱，太贵了，这也是谈资。你不用管它是什么，只要能让别人围绕这个话题展开讨论就可以。

2. 要有诱因。

就像之前提到的“大姨吗”软件一样，女士们每个月总有那么几天会想起它来。

3. 公共性。

就是指话题不要太小众，要容易引发共鸣。比如，要发起一个关于ERP的话题，可以先从企业管理这一大众话题谈起，然后讲到企业的电子商务战略并得出结论：其实电子商务最重要的管理核心是要加强信息化建设。文章最后的落款是“全球最大的软件提供商E店宝的创始人如来撰笔”，广告点到为止。这样的话题文章就更容易打造爆点。

4. 要有情感。

你的诉求重点要明确，要写出自己的真情实感，这样话题才会显得更真实、可信、有传播力。

5. 要有实用价值。

如果你的文章没有任何实用价值，那么它的传播力一定不会很强。如果能够给人以知识和信息的启迪，使之既产生兴趣又能提高阅读量，那么也是可以制造爆点的。

第六章

微电商的微信运营赢家法则

如何让你的粉丝带来更多的新粉丝

粉丝经济时代，粉丝对于微电商的重要性已无须多说。如何能够轻松获得越来越多的粉丝，早已成为微电商们一致关注的话题。

我们知道，首批粉丝的加入是很难的，也是要耗费很多精力和金钱的。而如果你能够让首批粉丝成为你的员工，免费为你宣传，给你带来更多的新粉丝，那么将会为你的企业节约大量资源。这是每个做微信营销的企业都乐意看到的事。

究竟如何让你的粉丝带来更多的新粉丝呢?

第一，通过优质的服务体验（包括内容体验），让粉丝自愿帮你转发传播，从而吸引更多粉丝关注。

粉丝每转发一次你的文章，你的微信公众号就被曝光一次。假如你已经有 1 万粉丝，每个粉丝又各有 100 个微信好友，那么你就有 100 万个二级粉丝。只要你能够提高内容分享率，那么你的微信公众号每天的曝光次数就会成倍增加。

第二，通过各种各样的微信活动，带动粉丝互动和传播。

微信营销做得非常好的海底捞在2014年的情人节当天推出了一个活动，不仅给他们带来了更高的销售额，提高了品牌美誉度，而且也很好地利用了当前的粉丝带来了更多的新粉丝。

这个活动的点子也不是多么新奇，就是一个情人节的告白活动。活动时间为2014年2月14日至3月14日，为期一个月。只要在这一个月的时间段关注海底捞火锅底料微信公众号，点击活动内容尾部“阅读原文”进入告白页，参与告白并分享到朋友圈后，回复“抽奖”即可参与大转盘抽奖一次。奖品有平板电脑、海底捞鸳鸯礼盒等。

为了把活动传播得更广，获得更多粉丝关注，海底捞还规定，只要将活动页面分享到朋友圈，同时把截图发送至海底捞火锅底料官方微信平台，即有机会赢取海底捞调味料鸳鸯礼盒，共计200份，如图6.1所示。

图6.1 海底捞情人节活动

招商银行的快乐刮刮卡活动也是一个类似粉丝带动粉丝的活动。它通过模拟现实中的刮奖效果，在手机中给人震撼有趣的互动体验，实现与用户的互动交流，并带动周边朋友一起分享，吸引更多的粉丝关注。只要获取专享的二维码，邀请好友扫描并关注，你和你的好友都能获得刮刮卡，如图 6.2 所示。

图 6.2　刮刮卡好友邀请活动

这个活动的特点在于简单，只要动动手指直接把活动分享到朋友圈即可。只要有你的朋友关注了，你和你的朋友都可以获得刮刮卡一张，有机会赢取大奖。这样，粉丝带动粉丝的模式就建立起来了。

微电商怎样挖掘粉丝的终身价值

只要是真正的粉丝，就一定会为你创造价值，而且很可能终身为你创造价值。微电商需要做的就是把他们的价值充分挖掘出来，不然费尽心力和财力招来这些粉丝就没有意义了。

1. 让粉丝带动粉丝。

只有让粉丝带动粉丝，才能让粉丝数量真正获得爆发式增长，从而最大化甚至以几何级数地提升单个粉丝的价值。因此，在策划活动或者做内容服务的时候，要尽量把重心放在如何让粉丝主动传播以带来更多粉丝上，这样才有可能带来一劳永逸的效果。

2. 拉近粉丝关系。

获得更多新粉丝固然很好，但是如何让新粉丝转化成忠实的铁杆粉才是最重要的。粉丝的活跃度远比粉丝数量重要，1000 个活跃的粉丝要比 10000 个没有交流的粉丝有价值得多。所以你需要做的是维护好这些粉丝，加强他们对你的感情，让他们对你产生依赖。粉丝和你的感情越好，他们的忠诚度就会越高，他们的终身价值也就越大。

3. 让粉丝产生购买力。

要想让粉丝产生购买力，最重要的是要挖掘出他们的需求。比如母亲节快到了，送花已经太老套了，老人的健康才是最重要的，然后引出你的按摩理疗的产品。同时对于那些还没有成交的潜在顾客，他们虽然对你的产品有所了解，但还没下定购买的决心，这时候应该对他们采取促销策略，用价格的优势来吸引他们。或者通过增加赠品等“冲动诱因”来促使潜在顾客产生购买冲动，达成交易。他们只有快速完成第一次消费之后才有可能渐渐形成消费习惯，对你的产品产生依赖。

4. 提升粉丝的购买力。

美国《哈佛商业评论》杂志发表的一篇研究报告指出，多次光顾的顾客比初次登门的顾客为企业多带来20%~85%的利润。因此，你需要让粉丝产生购买力，购买你的产品之后再持续购买你的产品，最大化提升他们的终身价值。

针对已经购买过的顾客，你可以向他们促销中等价位的产品。如果你的顾客之前已经购买过几十元的商品，那么你就可以给他推荐上百元的产品。因为购买过产品的顾客已经形成了消费惯性，而且对你也已经产生了一定的信任，所以会更愿意继续和你合作，并且购买更贵的产品。

而针对已经多次重复购买的超级老顾客，你可以给他们推荐最贵的产品。因为他们对你已经充分信任，并且对你的产品和服务也很认可。对于这样的顾客，你不需要拐弯抹角，只要直接告诉对方有什么活动、可以打几折、产品是什么，然后让他们买就可以了。这样可以最大化挖掘粉丝的价值。

为什么有的微电商仅靠几千粉丝就可以产生每月几十万元的销售额，而有些拥有几十万粉丝的还在苦恼没有钱可赚。这就是粉丝价值的挖掘问题。相信通过以上四种方法，你可以让每一个粉丝都最大限度地发挥出潜力，产生事半功倍的营销效果，从而最大化挖掘粉丝的终身价值。

微信营销的 8 条禁忌

做微信营销面临两大类风险：一是被粉丝抛弃，二是触及微信的规则底线。据我所知，不少微信公众号和微信大号因为触犯规则而被暂时关闭甚至永久封号。下面是我总结的 8 条微信营销的禁忌，供大家参考，以免造成重大损失。

1. 不能发与微信号主题无关的垃圾广告。

例如你是做食品的，那就不能在推送信息时夹带与食品这一主题毫不相关的股票软件广告。这样做不仅不会带来成交，反而会严重损害自己的品牌形象，造成大量粉丝离你而去的严重后果。

2. 不能过分注重粉丝数量，而忽略质量。

不少企业为了面子加一堆无用的“僵尸粉”，其实这只是表面的繁荣，是没有意义的。质量不高的粉丝，数量再多也没有多少价值，不能转化为企业的利润。

3. 不能贪图省事，滥用回复。

不能贪图省事，以为机器人聊天或者自动回复就是互动，于是滥用自动回复。社交网络最重要的特点就是能够实现互动和交流，缩小人与人之间的距离感，加强信赖。如果粉丝面对的一直都是冷冰冰的机器人，那么他们自然就会远离你，因为你的微信已经丧失了社交网络的特点。

4. 不能弄虚作假，违背商业道德。

在微信公众平台新增文章“阅读数”和“点赞”功能后，一些微信公众号和微信大号就开始出现违规刷阅读数和集赞等弄虚作假的现象。这是绝对不可取的。目前微信官方已经建立起“反刷”机制，他们将通过技术手段结合粉丝举报，对违规账号实施严格审查和惩罚。

5. 不能发布容易触碰红线的敏感话题。

不能发色情、暴力及宗教政治等容易触碰红线的敏感话题。微信官方对公众号所发信息是实施严格管控的。只要发了有关敏感话题的文字、图片或视频，就会有关闭群发功能乃至封号的风险。同时，也不要发消极、抱怨的内容，以及少发心灵鸡汤类或成功学类的内容，不仅没有意义，还会影响用户体验。

6. 不要试图强迫或诱导分享。

不要试图强迫或者奖励粉丝把你的文章分享到朋友圈，一旦官方发现了你的公众号中出现了一些诱导性文字，将会关闭你的群发功能长达一星期左右的时间。

7. 不能发布虚假消息和假冒伪劣产品的广告。

千万不要发送虚假信息，更不要发假冒伪劣产品的广告。这两点很容易带来用户的投诉，而且官方已表示将会封停微信平台上假货、欺诈等灰色产业链的商业流程，必要时还会采取法律措施。

8. 严禁跳转第三方恶意营销链接和不安全外链。

微信方面还严禁跳转第三方恶意营销链接和不安全外链，避免对用户造成不必要的财产损失。对于这种情况，做微信营销时也要特别注意，切不可钻漏洞、试图挑战规则底线。

做好微信营销其实没有那么难，只要规范自己的行为、不违反平台规则，把控好营销节奏，耐心互动，做好用户体验，营销效果自然就不会差。

微电商如何策划微信营销活动

对于微电商而言，经常做一些微信营销活动是非常必要的。首先，可以利用微信营销活动来推广和销售产品；其次，可以通过活动刺激沉睡的用户，提高粉丝活跃度，加强粉丝间的互动关系，提升粉丝的品牌忠诚度。此外，还可以通过活动搜集更多客户信息和资料，了解粉丝的真实想法，以便未来提供更多有针对性的服务。

微信营销活动前的准备

首先，在做微信营销活动之前，你需要有一个好的活动主题。这个主题既要符合你的目标粉丝群体的定位，还要符合粉丝的口味和兴趣爱好。你需要研究你的粉丝对什么样的信息感兴趣，然后提炼出热点，有针对性地去想一个好点子。

其次，要准备好活动的素材，包括文字、图片、语音和视频等。你可以用各种形式来描绘你的活动，具体根据活动的需要决定。通常使用图片加文字的形式。

活动标题最好不要超过 14 个字，要简洁又博人眼球。如“参加某某活动，赢取大奖”这样的标题，就肯定没有“动动手指，一分钟赢取万元大奖”这样的标题效果好。活动简介最好不要超过 50 个字。活动内容最好尽量控制在 300~500 个字，要多使用诱惑性的词语勾起用户们的兴趣，多使用指令性的词语让用户们采取行动。活动图片要针对不同屏幕尺寸的阅读体验进行图片大小的测试，确定没有问题后再把活动推送出去。一般图片大小为 397×227 像素，否则无法全部正常显示。同时，要尽量减小图片占用空间，一般使用jpg格式。

活动的规则要尽量简单，活动环节最好在 3 分钟之内完成。当然，还要看奖品是否有足够的吸引力，如果奖品的吸引力不够大，那么最好尽量缩短活动时间。粉丝的时间和精力都是很宝贵的，活动环节设置得简单而有趣，才能提高粉丝的参与度。

活动的形式有很多，比如抽奖活动、投票活动、互动游戏、互动推荐等。而微信的活动接口也有很多，传统的接口包括摇一摇、文字游戏、数字抽奖等；最新的活动接口包括快乐刮刮卡、一战到底、微投票、微贺卡、有奖竞猜、问卷调查、会员卡、幸运大转盘等。建议使用比较新的活动接口，因为新奇，所以互动性强、转换率高、诚信度高，活动效果会更好。你可以根据这些活动接口的具体特性来策划最终的活动形式，如图 6.3 所示。

图 6.3　刮刮卡活动

最后，还需要做好活动的预热。微信活动当然是参与的人越多，效果才会越好。因此，你不仅需要通过微信提前通知活动，还需要充分利用微信以外的其他媒体传播工具，如官方网站、微博、淘宝店铺、线下门店广告等。此外，还可以通过短信群发、QQ群发、旺旺群发等方式来进行活动预热，从而吸引更多的人关注你的活动，让他们提前产生参与的兴趣。

如何开通第三方服务做微信营销活动

有效的微信营销活动可以很好地实现用户和商家的互动，不仅可以增进双方之间的感情，同时还可以让商家获得更多新粉丝。本节主要介绍如何通过开通第三方服务做更多精彩有效的微信营销活动。

市面上的第三方服务平台很多，这里以“微库互动管理平台”为例，给大家介绍一下使用方法。首先打开这个第三方服务平台网站www.socialmedia.cn，然后单击“注册新会员”，如图6.4所示。

图 6.4　微库互动管理平台

现在注册微库账号，依次输入用户名、密码、公司名称、品牌名称、联系人、联系电话和邮箱，完成所有信息的输入后，单击下方的“提交”按钮，如图6.5所示。

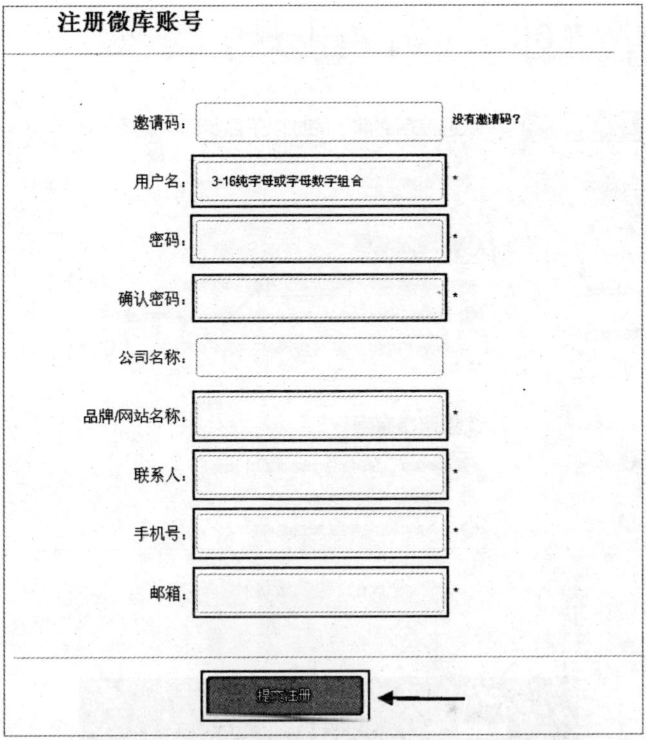

图 6.5　账号注册页面

注册好账号后，你就可以进入到微库的后台了。单击“点此快速授权”完成公众号的绑定，如图 6.6 所示。

在公众号登录授权页面中，输入公众号的账号和密码，单击“登录并授权”按钮，如图 6.7 所示。

这时页面会出现一个二维码，让你进行授权验证，如图 6.8 所示。

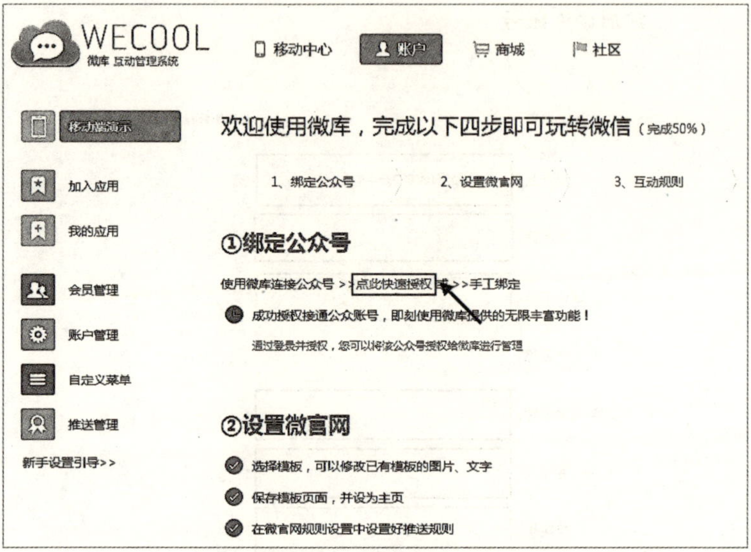

图 6.6　微库后台

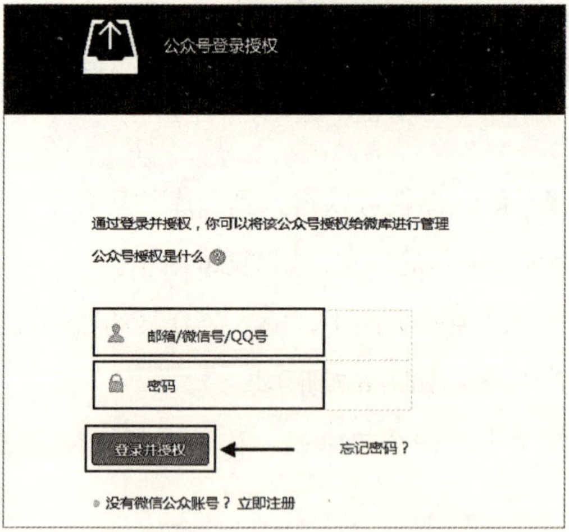

图 6.7　公众号登录授权页面

图 6.8　二维码验证

打开手机中的微信客户端，扫描二维码进行验证，单击“确定”按钮，如图 6.9 所示。

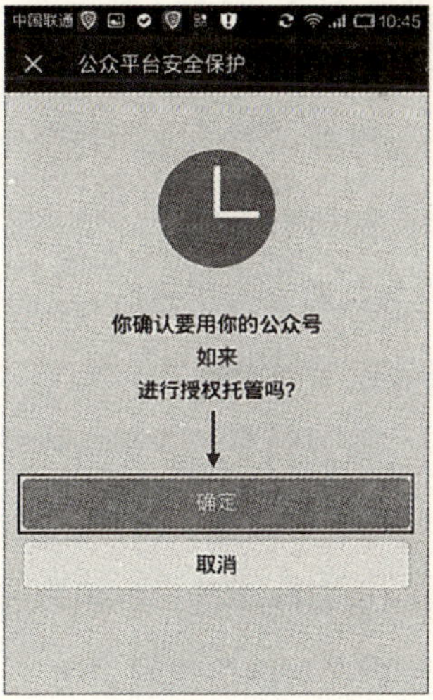

图 6.9　确定授权托管

公众号登录授权页面跳转到确认授权页面后，单击“确认授权”按钮，如图 6.10 所示。

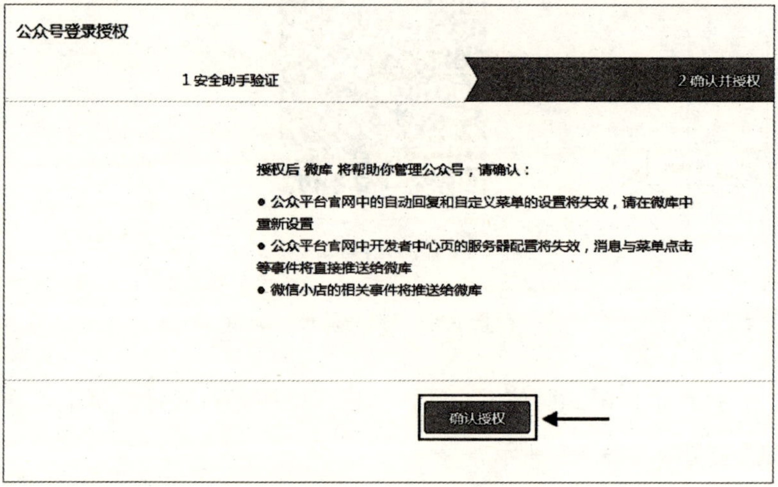

图 6.10　确认授权

接下来，页面回到微库后台，这样就已经完成了公众号的授权工作，可以使用微库的所有工具了。单击左侧菜单导航栏中的“加入应用”按钮，进入到微库应用商店，如图 6.11 所示。

在这里，可以直接安装一些应用，如曾经非常流行的“围住神经猫”“幸运骰子”“微投票”等，来管理你的微信平台，如图 6.12 所示。

这些应用有免费的也有收费的，你可以根据自己的实际情况来选择适合自己的应用做各种微信营销活动。

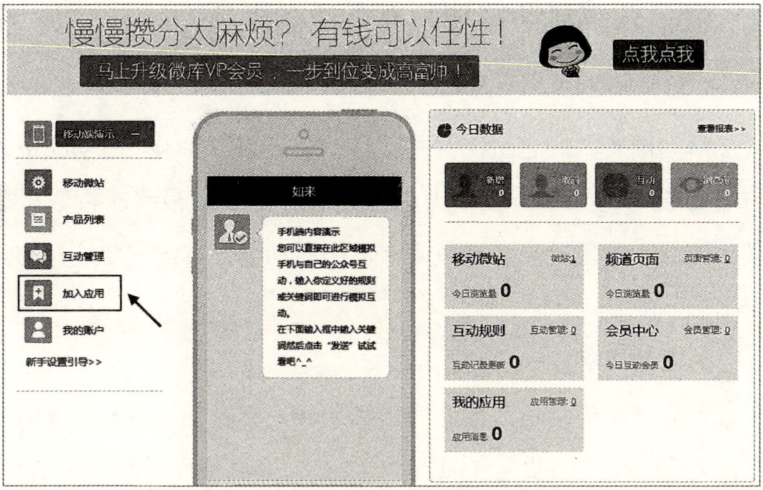

图 6.11 微库后台

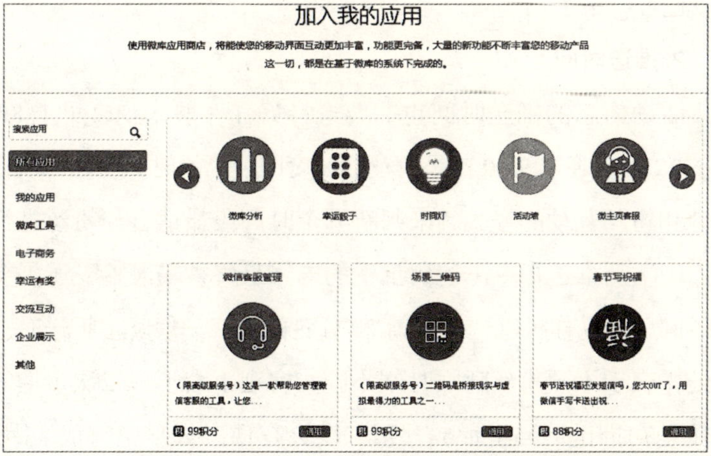

图 6.12 微库应用商店

微信营销活动策划的 6 个注意事项

活动准备做好之后，就可以开始做策划方案了。活动的策划方案是否考虑周全，在很大程度上决定了活动最终能否取得成功。因此，这里就来说说做微信营销活动策划方案需要注意的几个事项。

1. 活动周期。

首先，微信营销活动的活动周期一定要合理。尽管你提前做了活动预热，但还是会有很多粉丝没有接收到你活动预告信息，怎么办呢？你就需要适当延长活动周期，最好设置为一个星期，尽量让更多的人参与进来。至少不能在粉丝还没反应过来时，活动就已经结束了。

2. 推送时间。

活动信息的推送时间也需要选择好。一般来说，早上 8:00、中午 12:00、晚上 9:00 都是粉丝活跃度比较高的时间。你可以根据平时和粉丝互动的经验，来判断哪个时间段最适合与粉丝进行互动。由于从推送指令下达到推送的内容最终被粉丝接受还需要一段时间，所以你可以选择提前 20 分钟推送。一般晚上推送有一个好处，由于不同粉丝睡眠时间不同，客观上会形成二次传播，第一轮是在推送后马上形成，第二轮会在第二天早上完成。因此，晚上推送的效果会更好一些。

3. 自动回复。

特别需要注意的是，不管活动是针对老用户还是新用户，都要充分利用被关注自动回复和消息自动回复。你需要利用这些功能不断提醒新老用户参与到活动中来，要让他们印象深刻，如图 6.13 所示。

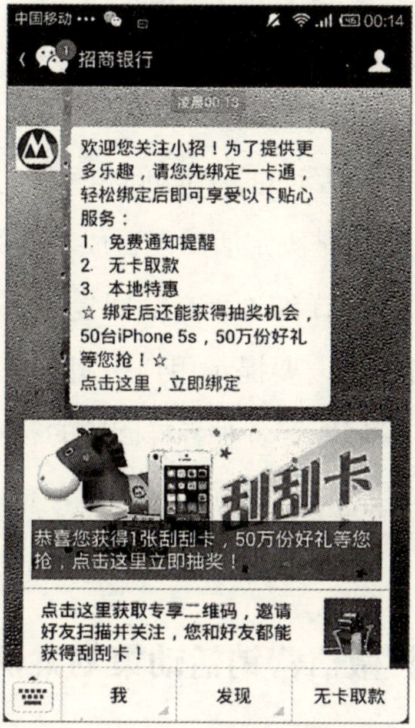

图 6.13　自动回复

4. 支付接口。

活动中有需要支付的项目，一般都是使用微信支付。有微店的可以直接转到微店的购买页面去。当然，你也可以直接把购物或者收款页面的链接放上去，只是麻烦一些而已。

5. 活动奖品设置。

像平板电脑、各种代金券、折扣优惠之类的常见奖品，已经很难有更大的吸引力了，可以考虑提供一些有新意的、最好还能与热点紧密结合的产品做奖品。如《来自星星的你》热播的那段时间，可以提供与《来自星星的你》相关的一些产品。或者送一些自己的产品，但不要选择平时微信订阅用户询单次数不多的产品，不会有助于激起用户们参与活动的热情。

6. 客服处理。

活动开始后，关于活动的各种疑问和后续的问题会纷至沓来。因此，做好客服工作也是决定活动能否成功的关键。考虑到活动参与人数众多，那需要详细设置自动回复的关键词和回复内容。当系统无法自动解答时，要提示用户引用人工一对一沟通解答。这时候客服需要准备好回答各种各样问题的答案模板，以便节省时间，提高效率，将一些潜在的危机化解掉。

《现代快报》微信营销活动策划案例

《现代快报》是江苏省最大的主流都市报。在其官方微信公众平台中除了有国内外热点新闻，提供招聘、美食查询、生活查询等服务外，还有幸运大转盘、刮刮卡、答题有礼等多个互动栏目。每天都有热门有奖活动推送，如图 6.14 所示。

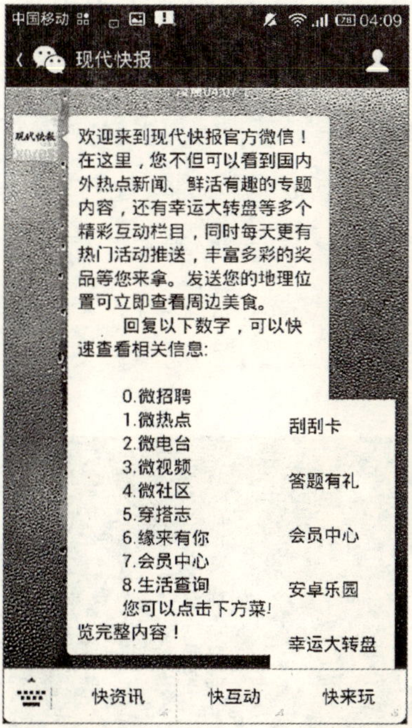

图 6.14 《现代快报》官方微信

《现代快报》微信公众号的粉丝大部分来自报纸读者，因此可以说它已经有一定的受众群体。在这样的条件下做活动，一方面，有大量商家为了给自己做推广自愿提供奖品，那么活动的奖品问题就解决了；另一方面，粉丝受奖品的激励积极参加活动，《现代快报》又可以赢得口碑和更多的新粉丝。这样一举多得的事情，何乐而不为呢？

比如《现代快报》曾经做过一个关注“现代快报官方微信”，答问题送足球比赛门票的活动。由球赛主办方提供几十张球票当作活动礼品。对于球迷们而言，肯定非常愿意参加这个活动，领取免费门票；对于球赛主办方来说，球赛得到了宣传；对于《现代快报》的官方微信而言，获得了更多的粉丝。

再比如幸运大转盘活动，这是他们最经典的活动，粉丝经常能够在这里抽到很好的礼品。这就吸引了很多粉丝每天签到，看看当天又有什么新奖品了，试试运气，这就大大增加了粉丝的黏度和活跃度，如图 6.15 所示。

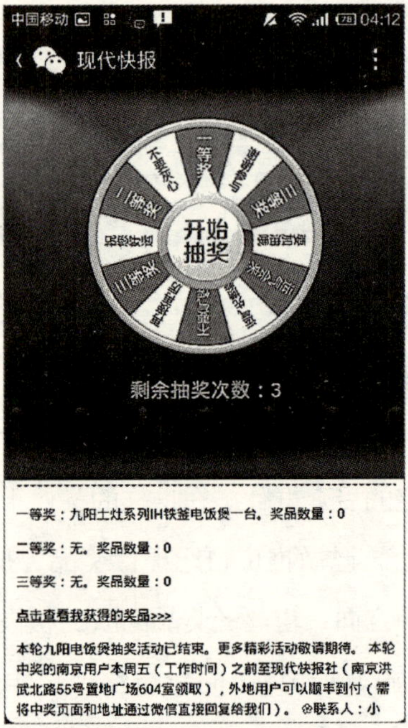

图 6.15　幸运大转盘

除此之外，平时还可以做一些普通的活动获得积分。只要积满一定额度的积分，就可以兑换礼品。因此，就算你不相信自己的运气，也能够获得100%得到礼品的机会。当然，这些礼品也都不需要《现代快报》自己花钱，如图6.16所示。

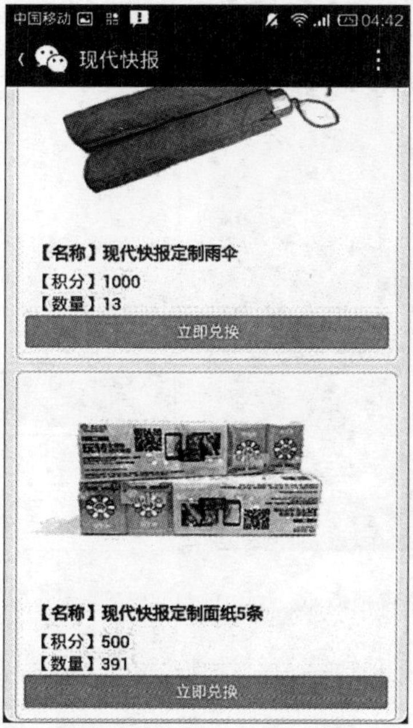

图6.16　积分兑换礼品

最后来说一下非常火的叫作“围住神经猫”的游戏，这种游戏是最容易获得分享的，也是最容易被传播的。在游戏里面植入广告，让玩的人不知不觉地接受信息，也是一种很好的品牌宣传模式。如果对方对你感兴趣，自然就会关注你的公众号，如图6.17、图6.18所示。

图 6.17　广告植入

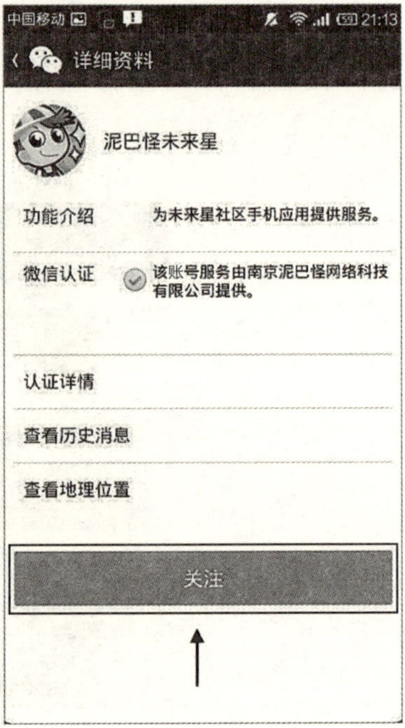

图 6.18　加微信

游戏还可以和积分绑定。比如，可以设置在指定步数内围住小猫就可以获得一定的积分，而积分累积到一定程度便可以换购礼品。这样，粉丝会很乐意玩这个游戏挣积分、换礼品，并且还会推荐朋友们一起来玩，形成一传十、十传百的效应。

微信营销十字箴言

这一节，主要和大家分享自己总结的微信营销的十字箴言：交流、聚焦、简单、“干货”、回复。

1. 交流。

微信营销重在交流和互动。微信平台提供的交流互动方式有论坛（微社区）、公众号、微信群，那么到底哪种方式效果最好呢？毋庸置疑，答案一定是微信群。事实上，公众号并不适合交流，因为公众号没有沟通属性。微社区也不是最有效的沟通方式。交流最方便的是微信群，简单又高效。

2. 聚焦。

俗话说：物以类聚，人以群分。你要想建立一个微信群，一定要把同类人聚到一起，否则无法形成共同话题，更不用说进行有效交流和传播。

3. 简单。

简单的话题很容易引起回复。什么是简单？不要以为你随便发一篇文章别人就一定会回复。前面我们提到过，长一点的文章更容易被收藏和转发。但是，如果你的目的是要引起别人回复的话，就一定不要写得太长，几十个字就行，最好简单易懂。否则，对方连是否同意你的观点都不知道，就更不可能回复了，因为他们不敢，怕露怯。所以，话题一定要简单。

4. “干货”。

一定要有“干货”。别人为什么会关注你，一定是看到了你对他们的价值，或者因为你在某方面的专业性，或者因为你的过人见解，等等。他们看到你文章中的“干货”、有价值的东西自然就会有回复的兴趣。所以，要引发别人的关注和回复，就四个字：“简单”“干货”。

5. 回复。

在对方回复以后，也要给对方回复。对每一位粉丝你都要像对自己的好朋友一样，友好相待，不要摆架子。粉丝主动找你沟通，你再忙都要回复对方。不管是评论还是留言，都要做到认真对待，要让对方有存在感和受尊重感。没有交流的朋友，不算是真正的朋友。凡是愿意和你交流和沟通的，都有机会成为你的新朋友，甚至有机会和你合作，所以一定要及时回复每一个主动和你聊天的粉丝。

这些是我多年的实践经验总结，希望对于从事微信营销工作的你有参考价值。

中国银行公众号运营剖析

作为国有四大行中最早开始尝试微信营销的银行，中国银行北京分行的微信公众号毫无疑问也是最经典的成功案例之一。它上线短短一年时间就成功吸引了超过60万粉丝的关注。实现了粉丝通过中行官方微信成功预约购买贵金属金额300万元人民币，成功预约大额取款次数387次。

这一节我们就以中国银行公众号为例，实战剖析一下一个优秀的微信公众号是如何建立和运营的？

首先来看看中国银行北京分行微信公众号的资料卡。前面我们也讲过，微信公众号尽量不要有下划线、中划线，也尽量不要用数字，避免来回切换输入法。因此，它的微信号叫bocbjebank。

功能介绍应该突出服务性内容，比如该账号的说明“推广中国银行品牌，发布中行北京市分行各类营销活动及理财、新产品等资讯信息，提供汇率查询、周边网点查询、人民币外币现金预约、贵金属、保险卡预约等便捷服务”。这整段功能介绍把中国银行北京分行这个微信公众号是什么、能够提供什么服务说得很清楚，这就足够了，如图 6.19 所示。

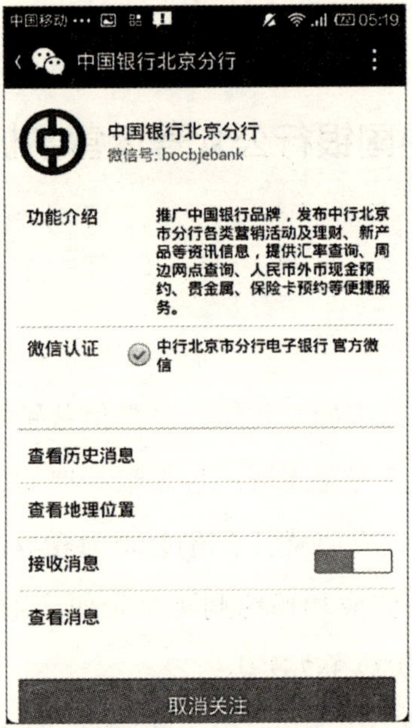

图 6.19　中国银行北京分行微信公众号

接下来是被关注自动回复，也可以叫作公众号欢迎词。如果关注后没有相关互动引导，用户会不知所措，有可能就直接退订该公众号了。如图 6.20 所示。

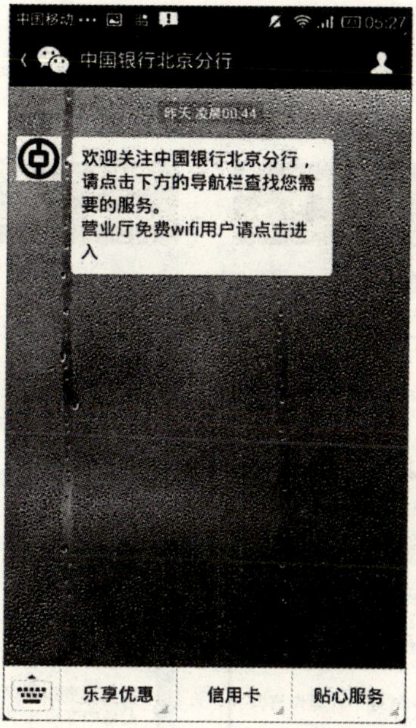

图 6.20 被关注自动回复

微信公众平台不仅仅是一个品牌产品宣传渠道，更是一个移动客户服务的平台。通过对客户体验和客户需求的市场调研，中国银行北京分行微信公众号把自己的服务体系整体分为三大板块：乐享优惠、信用卡和贴心服务，如图 6.21 所示。

移动互联网最大的好处就是提高了人们的行动效率。中国银行的微信公众平台也具有这样的特性，“乐享优惠”这个分类菜单里的各种优惠互动活动能够让粉丝们立即采取行动。比如“热点活动”中 2000 积分等你拿活动、微信预约抽奖送话费的活动等。为了满足客户需求，还可以在线订购商品，在线支付还有返现，这是为促进消费者在线交易而设置的一项促销功能，如图 6.22 所示。

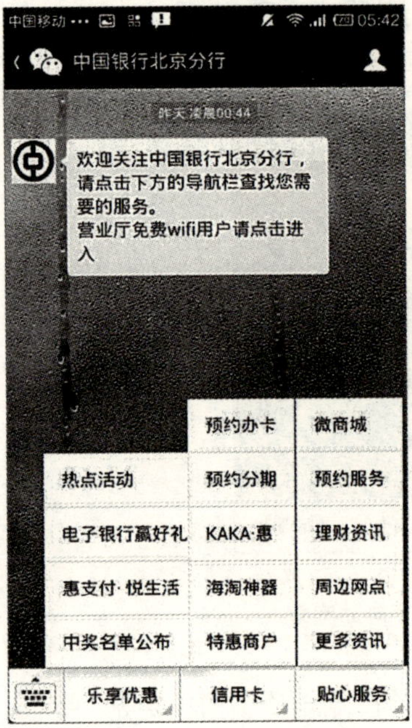

图 6.21　公众号服务版块

图 6.22　关注

而“电子银行赢好礼”这个活动，只要使用中行网银手机银行进行一笔有效交易，即可获得当日抽奖机会，赢取平板电脑。这样的活动能够大大提高粉丝转化率，从普通粉丝转化成黏性更高的合作用户，如图 6.23 所示。

除此之外，中国银行公众号每个月都会策划一些大型的丰富多彩的主题互动活动，如“幸福满墙”“壁纸点点来”“欢乐砸金蛋”“招兵买马”“中行伴我游”“卡影秀”等一系列基于微信的活动。这些活动简单有趣，不仅利用奖品给公众号带来更多的关注度和活跃度，而且利用微信熟人关系的特征招揽到更多新粉丝，同时实现了线下交易额的增长。从中国银行官方数据可以了解到，做活动及推广比没做活动粉丝增长率要提高 10 倍以上，如图 6.24 所示。

图 6.23　公众号服务版块

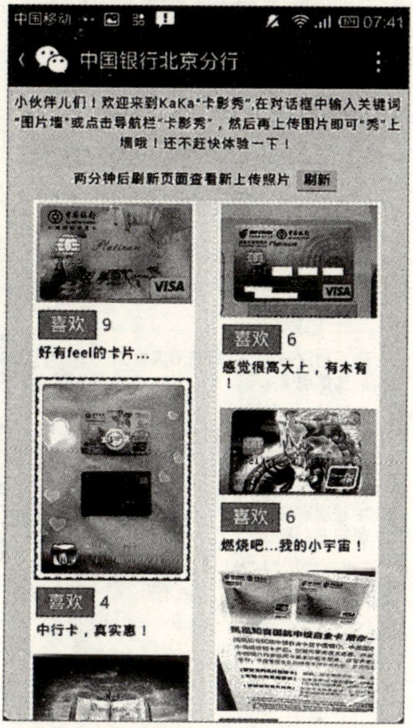

图 6.24　卡影秀活动

如果之前的版块是互动活动居多的话，那么在“信用卡”这个版块的分类菜单里能够起到服务作用的功能就更多了，包括预约办卡、预约分期、KAKA 惠、淘淘神器、特惠商户等。这些都是客户们非常需要的实实在在的服务。有了这个版块，客户们查找各种与银行相关的信息就便捷了许多，足不出户就能预约自己想要的产品，而且还便宜许多，既方便又节省时间。比如预约办卡和预约分期这两种服务就非常实用，如图 6.25、图 6.26 所示。

图 6.25　信用卡预约–1

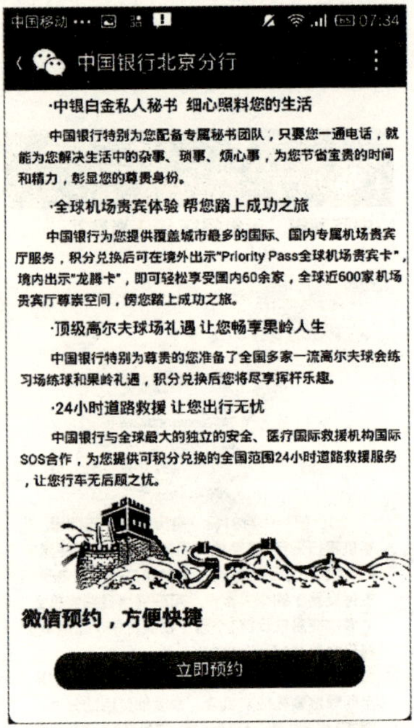

图 6.26　信用卡预约–2

并且，微信公众号不仅支持账单、积分、额度及个人信息永久随时随地查询，而且还提供旅游、餐饮、娱乐、购物等优惠资讯，以及信用卡消费信息实时提醒等。这些功能极大地方便了客户，提高了微信公众号的价值，从而使得转化而来的客户都成了“铁杆”粉丝，再也舍不得离开你了。

最右侧的“贴心服务”栏目包括微商城、预约服务、理财资讯、周边网点和更多资讯类目。微商城能够满足客户保险卡在线快速购买的需求。同时你还可以使用中行网银方便快捷地支付费用。预约服务包括现金预约、贵金属预约、中行理财微信预约等。消费者可以在微信上了解一系列产品详情，然后直接点击预约即可。“理财资讯”功能提供便捷的网银业务信息、理财推荐、外汇牌价等重要理财资讯，参考中行专业人士对汇市的每日最新评价，用户可以方便获取最新汇市信息。“周边网点”提示客户如何操作发送地理位置，实现最近网点自动推送，并调用第三方数据实现地点、路线、周边等信息展示，方便客户就近办理业务，增加营业厅客户流量。由此我们可以看到，此公众号的功能非常强大，用户使用起来基本上毫无障碍，如图 6.27、图 6.28 所示。

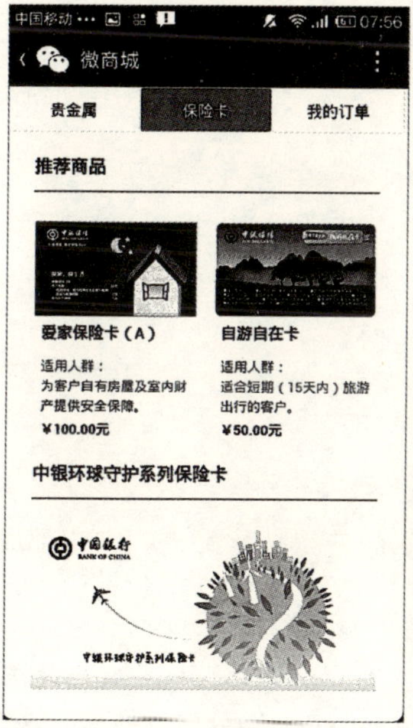

图 6.27　微商城

图 6.28　方便客户就近办理业务

中国银行北京分行公众平台的推出是电子渠道营销和服务模式的一次有益的创新和探索。就目前来说，它无疑是成功的。而它的成功总结起来其实就是两点：一是不断提供各种优质快捷、无可替代的服务，二是做各种活动提高客户的黏性，增进感情。

巧借热点引爆事件营销

做微信营销中，如果能够巧借热点引爆事件营销，可以获得四两拨千斤的传播效果。因此，每逢重要节日时，各大微信公众号都会为了结合热点巧妙地推出各种事件营销活动。

珍视明在2014年的七夕情人节就推出了一个很有意思的事件营销活动。在关注珍视明的微信公众号之后，你就可以收到关于“七夕和小苹果有个约会”活动的自动回复。单击链接地址可以打开活动页面，如图6.29所示。

火遍大江南北的筷子兄弟的《小苹果》应该是当时最具有传播力度的事件热点了。这首歌曲推出后，网上瞬间出现了各种翻版恶搞的视频，传播范围非常之广。为此，珍视明精心地做了一个MV，画面是珍视明的吉祥物小珍和小明跳《小苹果》的舞蹈，背景音乐就是《小苹果》这首洗脑歌，画面可爱有趣。把这个MV

植入到七夕活动里面去就是一个很有创意的事件营销策划。两个热点事件，《小苹果》和七夕情人节结合起来发挥了更大的传播力，如图 6.30、图 6.31 所示。

图 6.29　珍视明微信公众号

图 6.30　珍视明七夕活动–1

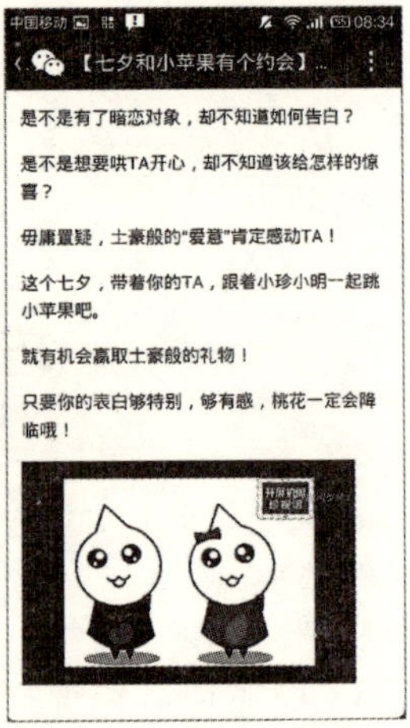

图 6.31　珍视明七夕活动–2

这个活动的时间为七夕前后一个星期。活动奖品有施华洛世奇项链、菲拉格慕甜心魔力梦中情人香水、澳洲薰衣草小熊公仔，还有和公司产品相关的珍视明明星专用眼罩和眼贴膜。

参与方式非常简单，只需要把活动页面分享到朋友圈，同时写上对珍视明爱的告白，成功分享后把朋友圈页面截图发到珍视明公众号即可参与抽奖。

由于郭敬明是珍视明滴眼液的代言人，所以最后他们还植入了票房超过 5 亿的电影《小时代 3》相关热门话题，把几位主演和导演代言的海报也加了进去。活动页面的最底部还加入了官方微信的二维码和关注分享方式，以实现公众平台的推广传播。

珍视明的这个活动不仅仅在微信中传播，在互联网线上、线下等各个平台也有发起。利用事件营销的快速传播力，这次活动为珍视明带来了很多新粉丝。

布丁酒店是中国第一家时尚、新概念连锁酒店，主要用户群体是学生和白领。2012 年 11 月 12 日，布丁酒店成为全球第一家实现在线直连微信订房的酒店。截至 2013 年 10 月，他们已经实现拥有 58 万的微信会员、累计在线预订量突破 56 万元的成绩。

他们是如何做到的呢？一方面，他们二维码宣传和推广非常到位。另一方面，他们把入住提醒、预订提醒、离店提醒等服务也搬到了微信公众平台，吸引了很多目标客户群体的关注。85 后、90 后大多是缺少玩伴的一代。电脑、网络、游戏是他们最大的“玩伴”，所以他们很容易接受通信工具互动或游戏互动的方式，微信的迅猛发展也验证了这一点。他们对活动会产生兴趣基于三点：好玩、方便和实惠。

接下来就介绍一下布丁酒店曾经做过的几个事件营销活动的案例，第一个是在 2012 年发起的“2012 微信末日房活动”。

当时，他们针对炒得很火的“2012 年末日之说”事件，迅速推出了一个结合这个事件热点的“抢占 2012 避难点”的微信活动。这个活动有足够的话题性和公共性，能够引起绝大部分粉丝的共鸣。活动时间是 12 月 20 日中午 11 点至晚上 8 点，每个整点都可以抢“2012 避难点”房间一晚的免费使用权，如图 6.32 所示。

图 6.32 “抢占 2012 避难点”活动

当时这个活动主要是通过微信、微博、人人网等在线渠道来宣传。推送频率是每个整点前都会推送一次，吸引大量粉丝关注，最后总参与人数达到 2 万多人次。

一位女粉丝在抢到布丁酒店的免费房之后，马上在微博上发了一条标题颇具争议的消息——“寻找壮汉子，末日求陪睡”。结果转发量迅速达到 15709 条，评论达到 10381 条，实现了社交网络上人人传播的爆炸性效果。

这不仅仅在微博上形成了热点，在贴吧、论坛、社交网站都有转载，形成了热门话题，甚至大网站的新闻频道都报道了。这大大增强了活动本身的影响力和受众宽度。

这是布丁酒店微信公众号的首次大型互动活动。在此次活动前，他们的会员总数为 185911 人，活动结束后，当天新增加的会员有将近 6000 人。这就是事件营销的力量。

接下来他们再接再厉，在 2013 年的 1 月 4 日又推出了一个“520 · 爱一世”的节日专题活动。借助这个热点事件和热点话题的势头，布丁酒店在活动中把房号为“520”的房间当作奖品拿出来送给消费者免费住，并且决定，1 月 4 日当天入住参与活动门店房号含“2”的“有爱房”都能延时到 15:20 退房。这一下就激起了大量的需求，大家参与热情都非常高，总参与人数达到近 3 万人次，如图 6.33 所示。

图 6.33　专题活动

最终，本次活动吸引了 24.6%的布丁酒店微信会员参与进来，大大提高了粉丝的活跃度和关注度。“520 · 爱一世”专题活动页面的总点击量达到了 56041 次，曝光率非常高，取得了很好的传播效应和口碑效应。

布丁酒店这两年频繁使用事件营销活动的结果就是，目前在微信产生订单并成功入住的用户中，61%是新增会员，重复购买率为26%，会员平均重复购买率为35%，这表示他们的微信营销取得了巨大成功。

通过上述两个案例可以总结得出，要做好微信事件营销就要注意以下事项：

（1）活动一定要以互动为主，品牌类广告要尽量减少。

（2）活动周期要短，但是要在上线之前就能够让粉丝感受到活动的氛围。

（3）推送活动信息之前要仔细检查活动内容，包括页面排版是否影响阅读体验、活动内容是否简明扼要等。

（4）推送的时间点也要把握好，要选择粉丝最活跃的时间推送。

（5）提前设置好自动回复的内容。

（6）多参考同行业内外的优秀事件营销活动，逐渐提升服务品质。

第七章

独家微电商，它们真的很成功

糖果试用微营销，不花一分钱

建立了微信公众号后，怎么让它产生作用，发挥价值呢？下面就分享一些利用微信帮助企业获得更多好处的成功案例。

首先讲一个不花一分钱做糖果试用的微营销案例。如果你有一个人气很高且有相当粉丝数量的微信公众号，那么你就会发现，很快就会有企业或者个人主动找你帮他们发“礼品试用”广告。就有许多这样的人找过我，他们希望我帮他们带来更多的客户，因为我的粉丝也可能是他们的粉丝。所以你一旦有了粉丝，就等于有了一个媒体，就可以起到广告作用了。

我的一个企业家朋友让我帮忙宣传一下他们的个性化糖果。我是怎样宣传的呢？

我将他们提供的200份糖果作为微信营销活动的奖品，规定凡是看到我的微信文章并和我互动的人就可以免费申领1份糖果。

为了制造稀缺性，我限量每天仅送出 10 份。

申领糖果的过程是这样的，首先需要打开一个申领链接，打开链接后就会看到一篇文章，也就是关于糖果的广告了。文章主要介绍的是糖果的制作过程和工艺，目的在于让大家对这个糖果产生兴趣、增加了解，甚至以后有需要买糖果时就会想到它。

在这个微信营销的过程中，商家受益了，粉丝也受益了，我也受益了。但是在做这个活动的过程中，我们也发现了一些要注意的细节问题：

（1）糖果的图片和价值一定要相符。如果宣传时写的是价值 100 元的糖果，结果粉丝收到之后发现也就值几十元，那么就会让人有上当受骗的感觉。不要企图通过欺骗吸引眼球，送礼一定要送实实在在的，最好能让人有超出预期的感觉。哪怕礼品价值 100 元，你也可以说成是价值 50 元，以制造物超所值的惊喜。这样传播才会变得更加容易。

（2）礼品的图片一定要提前公布。开诚布公地告诉别人是一个什么样的礼品，不要故弄玄虚，说是什么神秘礼品。所谓的神秘礼品是最糊弄人的，而且每个人对神秘的理解也不同，很容易造成不同程度的心理落差。这种落差很可能直接导致传播的终止。

（3）礼品的申领和活动的整个过程一定要有个性和特色，并且还要具有传播性，这样才能发挥整个微信营销的最大效用。

当然，在这个过程中，为了尽可能节省商家成本，我们会要求接受礼品的粉丝出快递费。商家提供礼品，粉丝出邮费，而我们把他们串在一起，微信营销活动就这么简单地完成了。

招聘合适员工，微信也能做到

其实微信不仅可以用来卖东西，帮助企业做礼品营销、试用体验，还可以通过它进行招聘。这一节就来讲讲我是怎样通过微信招到合适的员工的。

大家可能会觉得这种方式不太可能有什么效果，实际上恰恰相反，微信招聘的效果非常好。为什么呢？因为我的粉丝群体、我的圈子里面的人和我是一类人，他们懂我，真正了解我需要什么样的人，所以就会给我推荐比较合适的人。这个成功率就非常高。

因为大家都是抱着对你负责的态度来给你推荐人选，又相互认识，所以应聘者更加珍惜这个工作机会。而有些人在网上广投简历，觉得反正是你来找我的，不会懂得机会的珍贵。

因此，总结起来，使用微信招聘的好处有以下三点：

（1）推荐人来自同类圈子，更谨慎、负责，推荐的人选一般都比较合适。

（2）熟人推荐的工作机会，被推荐人更加重视和珍惜。

（3）招聘工作效率高，避免了层层筛选简历的麻烦。

要注意的是，在使用微信招聘的过程中不要太生硬和程式化。因为招聘人的圈子里都是同行人士，相互之间很可能会存在竞争关系，所以招聘应该低调进行。比如在每天的语音信息或者文章里，以极简短的文字顺带把它讲明白即可。

具体怎么做呢？我借助一篇讲“如何用微信建立一个有效的组织”的文章，在文章的最后这么写道：“其实，要想做好微信营销，有了组织，还要有个专职人员，也就是公众号助手，我现在也需要这个助手，大家赶紧给我推荐一下吧。”很自然地，就把招聘广告植入到这篇文章中去了。这样，看到这篇文章的粉丝如果有资源的话一般都会推荐，而且也不会觉得突兀。

很多人总是烦恼招不到人，其实问题不在于招聘本身，而在于他们自己并不知道到底要招什么样的人。比如你要招一个有策划能力的人，那什么叫有策划能力呢？你怎么判断能否招得到这样的人呢？事实上，你只需要告诉对方，你要招一个曾经做过几个成功的策划案的人就行了。再比如你要招一个产品设计能力强的人，那什么叫产品设计能力强呢？被招聘的人也很疑惑，我到底强还是不强呢？是否应该应聘呢？这种情况下，其实你只要明确要求，你要招聘一个在软件产品公司干过 2 年产品经理的人就行了。

因此，要想招到合适又靠谱的员工，了解自己的用人需求很重要，而微信可以让这个过程变得更加高效且成本低廉。

电商之夜，成功的粉丝交流会

对很多电商来说，搞粉丝线下交流活动是一件很不容易的事情，而且非常费钱。事实未必如此。

以我们举办的“电商之夜”活动为例。“电商之夜”的规格很高，我们一般会邀请一些行业里面的名人参加，如徐易容、马佳佳、申音等人。有了这些行业名人的参与，再邀请粉丝参加就非常容易了。

举办规格较高的交流会最主要的花费其实是场地费和招待费。比如有一次活动，原本场地费要 1.5 万元，但是场地提供方听说是用来搞电商交流活动的，最后给我们优惠到 6000 元。活动全程大约 8 个小时，全包场，有咖啡厅、KTV、酒吧等，环境非常棒，而且对方还包一顿饭，包括水果、酒水等。按说这 6000 元我们得自己花吧？实际上不用。客户来参加粉丝交流会是需要交费的，

600 元一位，可以有和大牌们成为朋友的机会，他们当然愿意了，如图 7.1 所示。

图 7.1　粉丝交流会现场

要达到良好的活动效果是不容易的，要多邀请一些大牌参加。我虽然与申音他们私交不错，但他们愿不愿意来或者能不能来呢？这就需要我们提前通过邮件或微信等方式，告知他们活动的具体内容、活动的格调，以便提前得到他们的确切回复和建议。

对于大牌们而言，有两种情况很容易吸引他们参加：一种是小范围聚会，5~10 个人，参与者都是行业内重量级人物；另一种是上千人的会场由他们主讲。

这个活动最后还请了外国名模当迎宾和礼仪小姐。这样就给人一种非常隆重正式的感觉，让应邀前来的嘉宾欣然接受并觉得不枉此行，如图 7.2 所示。

图 7.2　贵宾签名现场

模特的出场费原本一天要 2 万元，但是最后也免了。因为通过这次粉丝交流会大家结识了更多高端人脉，形成了一个资源共享的圈子，每个人都能从中获益，包括模特。

我们还有一个粉丝见面活动，叫“法丝沙龙会”，也称之为“法丝聚会”。相对于“电商之夜”，“法丝沙龙会”属于低端圈子的活动。为什么要区分高端、低端呢？因为如果把高端圈子和低端圈子融合到一起，高端圈子的人就沉默了，如果只有低端圈子的人发言，慢慢地，大家就都不爱发言了。低端圈子的活动人也不能太多，大概控制在 10~15 个人，这样才会有深度交流，也最有格调，如图 7.3 所示。

这些人怎么找呢？你可以先把粉丝群建立起来，然后再搞一个“接龙”活动，以“是否参加活动”为话题中心，大家“接龙”，参加活动的直接在群里公发“我参加”。这样重复的宣传工作要在群里自发地进行。你还可以实时更新，比如离截止日还有多少时间、目前已经报名了多少人、还剩余多少名额等信息，吸引粉丝参加。

图 7.3 法丝沙龙会

结合以往“法丝沙龙会”成功举办的经验，下面我具体说说如何有效策划和组织一次粉丝交流活动。

首先，最重要的工作就是邀约活动参与人员。邀约不需要一个个打电话。可以先通过“接龙”的方式把活动推出去，让感兴趣的人来报名参与这个活动。报名之后，直接建群，选出 5 个“铁杆”粉丝，让他们帮助你在群里完成筛选和费用收取的工作。

当然，要想把活动推出去，活动策划必须要有吸引力，要带有图片，要条理清晰，让人一看就想参加。比如，我们“法丝沙龙”会的主题是“美女、啤酒与电商”。

活动之前还要鼓励大家相互交流。提前建群的目的之一也是便于大家提前互相认识一下，这样活动才更有意义。这种活动前的交流可以有不同的形式，如自我介绍、群里的主题交流等。

接下来就是活动前的准备。你需要提前规划好活动的每一个环节，给不同的执行人员分工，确保他们各司其职。如活动期间由谁负责录像、谁负责拍照、谁负责文案、谁负责整理文档、谁负责宣传、谁负责撰稿、谁负责微博和微信上的实时报道等，这一系列分工都要清清楚楚。

最后是活动的执行部分。一定要掌控活动现场的气氛，在这方面主持人就显得尤为重要。当然服务人员也很重要，服务人员要保障现场的秩序和服务的品质。比如，活动已经正式开始了，现场还在播放无关的音乐，这肯定不行。服务人员要保证现场所有人员的心情舒畅，不能在现场收取入场费，要考虑到每个人的感受，要让人感觉轻松自在。同时，服务人员还要服务好每一个人，包括早到的人是不是要人陪同，晚到的人又该怎么办。任何细节都需要考虑周全。

你还需要把握活动的论题和观点，把握整个活动的节奏，确保整个流程非常完美。

最后是报道和宣传。报道一定要征得会议组织者的同意。要注意多拍照，所有的照片都可以马上用于宣传。要多设几个机位，如签到、签到后入场、就座后讨论等场景都要拍照，拍摄要尽可能显得专业。

微营销，引爆《电商内幕》

这一节说说我是怎样利用微营销把《电商内幕》这本书引爆的。其实这本书刚出版还没有正式上市时，首印数千册就已经卖完，并开始加印了。这主要归功于我微信里的好友和粉丝。这本书正式引爆，是在新华书店、机场连锁书店等线下的渠道全面铺开以后。否则，到时候很多人想买书买不到，那引爆效果就要打折扣了。

我是怎么推广这本书的呢？

在做推广策划之前，首先要明白，到底想怎么传播，通过谁传播。然后以他们的口径去做具体策划。我请了 33 个人给这本书做了推荐。这 33 个人都是微信、微博里的大号，包括微博营销之父杜子健。他拥有 200 个微博大号，控制了近一半的微博粉丝。推荐是分别以这 33 个行业巨头的口气来写的，我要做的就是通知他们转发，就这么简单。

最好借助一些颇具话题性或者容易遭别人抨击的内容，充分利用微博的快速传播效应进行炒作。标题上不要有“推荐一本好书”这样赤裸裸的广告字眼，要拿出实际数据或者具体论据来，给你的潜在客户一个购买的理由。比如，“这是一本一个月两次卖光并屡次加印的书”。那么别人就会琢磨，这到底是一本什么样的书，为什么卖得这么火呢？这就轻而易举地勾起了别人的好奇心。但是很多人买回去一看，发现作者是个“自恋狂”，居然把自己的大头像放在封面上，于是一时间“骂”声四起：“这是个自恋狂吧，不然怎么把自己的头像往封面上放？”“怎么搞电商的人都喜欢把自己的头像放在封面上？”“什么内幕？内容与事实不符。这里面讲的根本不是内幕。”诸如这类的负面消息很快被传播出去，话题自然而然就形成了。

我们再看看这本书的宣传语，“传统企业做电商必读之书”“电商行业从业人员必读之书”“会让你对电商有一个系统的认识，更好地决策，更好地开展本职工作，少走弯路，马上赚钱”。传统企业做电商的目的就是想马上赚钱，而这几句话恰恰写进他们的心坎儿里去了。也就是说，看完这几句话他们就会有想买的冲动。这和我们之前讲的传播的软文不同，这是广告。软文和广告是两个不同的部分，一般先软文，再广告。也就是说，读者们先看了软文产生需求以后，才会点进去看广告。看了广告，了解了书的主要内容及价值之后，才会决定是否购买。软文是传播性的，主要用来引流，而广告是促进交易达成的关键环节，就好像淘宝的商品描述。

此外，我们要制作一个关于这本书的精美、有说服力的宣传页，便于转发和传播。

对于这本书来说，是不是就是放上书的封面就可以了呢？只看封面就达成交易的可能性是很小的。读者真正想了解的其实是目录和内容。但是由于现在的书大多制作精美，外层有塑封，不能直接打开，所以我们需要把书的目录贴出来，尽可能地让读者对书有一个深度的了解。目录是唤起客户想要购买的决心的第一环节。

目录介绍完之后，介绍书的写作背景和作者信息。别人凭什么看这本书，一定要有故事。当然我的故事写得比较简单，那就是我的个人简历："做了10年电商，是200家成功企业的导师，为数万家电商企业提供咨询服务。电商行业第三方ERP软件第一品牌——E店宝的创始人，清华电商导师，中欧清华黑马电商讲师，《财富》40岁以下最具潜力的创业者。"这样别人看了就会觉得这样的人写的书还是值得看一看的。

最后还可以放上二维码广告。如"听如来每日播报电商干货，请扫码。"

宣传页做好之后，如何通过微信和微博来把它推广出去呢？大家都知道，微信和微博都是支持9幅图的，那么我们就可以把广告页分割成不超过9幅图片，放在微信和微博上传播了，还可以把作者简历、书的目录、简介等单独拿出来传播，或者做一整张图，把所有内容完整地放上去，这样便于一次性传播出去。

发了微博或者微信后，内容再好，没有转发也是白搭。因此你需要找到话题去引爆它，这些话题要以什么形式出现呢？你可以在微博策划这样的内容主题。比如，电商圈第一名，或者找一个容易被别人批评的点，类似“一个自恋狂写的书”或者“一个屌丝写的书”。把这样一些小的话题编一条微博，附上几幅广告图，内容可以写“一个屌丝自恋狂写的书怎么这么容易卖呢？”“屌丝写的书都能卖成这样？”“典型自恋狂，把自己放上封面的人”，等等。

主题策划好之后就可以找朋友和粉丝帮忙转发。33 个电商圈的朋友，他们掌握着大量的粉丝，他们转发完之后，紧接着就会带来首批粉丝转发，引发话题点。

这时要联络媒体，让媒体把这件事给播报出去。播报的内容，可以是有针对性的软文，也可以把书里面最吸引人的几段内容摘出来。作为媒体来说，他们要么喜欢话题，要么喜欢“干货”。像《创业家》这样的媒体，他们是比较欢迎“干货”的，尤其是电商这类题材的“干货”。

媒体报道了之后，会产生震荡，也叫微营销震荡。就是那些参与评论过的人，他们看到媒体报道的时候，又会回来再次评论、再次关注，与你产生互动。这叫震荡效应。震荡效应决定了传播的力度和广度。这就相当于在水面丢下一块石头，它能传多远，不是取决于石头有多大，而是取决于振动波有多大。

这时人们一定要一鼓作气，利用各种方法先把第一批振动波掀起来。剩下的震荡就由人们去完成。一般这样的震荡效应最多会持续 7~15 天。

最后，有那么多行业大牌和“铁杆”粉丝给《电商内幕》做背书，再加上到位的宣传和推广，收获大量的粉丝和此书大卖是必然的。

微营销众筹，新玩法决定《新活法》

“众筹”这个词大家现在应该都听得很多了，而如何利用微营销的方式来开展众筹呢？有的人说众筹是违法的，而事实上，200人以内的众筹，而且没有所谓的股份关系的情况下是允许的。这实际上是我在做的一个实验。我自己生产一个产品，然后通过微营销的方式完成这个众筹项目。

了解我的人都知道，我是一个死过两次的人。为什么还能在这里和大家一起分享呢？因为我的使命还没有完成。我的使命就是把《新活法》这本书写出来并卖出去。这就是我的众筹项目。

这本书凝结了我多年的心血，分享了我迄今为止所有的人生感悟。

这是一本面向大众的书。我要通过粉丝卖出去，因为我的粉丝都是“高大上”的、非常厉害的人物。虽然数量上只有几千人，不到一万人，但都是企业家、老板、电商企业主，手底下都是有不少员工的人。

他们需要这本书吗？他们真的需要，但是他们又不那么需要。他们真正需要的是什么？一个购买这本书的理由。所以我的策划思路就是：这绝对不是一本书，这是一份礼物，送给父母的一份礼物。在中秋节的时候，送这本书给父母，比送什么都宝贵。因为这本书里面最重要的内容之一是讲孝道，而企业用送月饼这一招表示对员工的关怀，显然已经毫无新意了。中秋节是一个恰到好处的节点，于是我决定在中秋节的时候把这本书推出来，把我的故事讲出去。

这件事情怎么做呢？我决定用众筹的方式来卖这本书，就卖一万本，每本书的定价是 200 元。你也许会觉得这个价格很贵。但是，我可以给它保值。我要让客户觉得用 200 元买到了价值 400 元的东西。

我设计了一个精美的包装盒来包装这本书，并且盒子里附带一枚银币、十双纯羊毛袜子，还有特制的秘制养生药包。这些加起来成本就已经超过 100 元了。

而且，所有参与这个众筹项目的人能够共享该项目全部利润的 50%，每个人会有一定比例的股份。这绝对是一件物超所值的事情！对于粉丝来说，更是会积极响应。因此，在策划案中我把我的故事和经历分享给了大家。

这个故事是这样的：“一个创业者，十年奋斗路，压力大时彻夜难眠，忙起来时废寝忘食，一路上和兄弟们并肩作战，共同面对种种挑战。

“两次在这个战斗中倒下，两次近距离地和死神搏斗，一度卧床不起。当我听到医生无力挽救而发出叹息时，当我感到身体状况糟糕到已经无力端起一杯水时，当我摸到身旁的父亲斑白的鬓角时，当我看到母亲那一夜一夜哭肿了的眼睛时，我哭了。我还剩下什么？这个世界上属于我的只有身体和爱，而我却从来没有真正珍惜它们。如果上天再给我一次机会，我发誓一定好好爱惜自己，爱那些爱我的人，尤其是我的父亲母亲。我醒了……

“也许老天听到了我的呼唤，又给了我机会，让我活了过来，甚至比病倒前还要健康、结实。不是因为我吃了什么或喝了什么，只是因为我醒了。因此我有个梦想，就是要唤醒那些曾经像我一样沉睡的人们。”

然后将本书的目录列出。

接下来就是如何进行众筹了。众筹项目的文案是这样写的：“我想到了你，我的朋友，我想找100个支持我的朋友，求‘包养’。预订仅限100套，给你的回报是含书礼盒（包括私人定制的羊毛袜子和秘制养生药包），中秋节送给你的父母或者员工。”在这里，不要提“超值”之类的字眼。

最后，“3年分红，共享所有礼盒销售利润的50%，你来帮我实现这个愿望。期待，相信我，一定不会辜负你的信任。本次活动的所有利润全部用于老兵的救助关怀活动。”

众筹项目的文案做好之后，如何引爆这个话题呢？事实上，当你送出第一本书的时候这个话题就被引爆了，因为参与众筹的人得到的这些回报已经超出了他们的预期，所以在他们收到东西后自然会主动帮你传播。然后通过微信、微博的方式引爆话题。

这里要注意的是，最好开通微信支付功能，这样便于在推广传播的同时快速把资金募集到位。

众筹在微营销中的运用就讲到这里，仔细琢磨一下，你会发现非常有价值。